15 분 학습 일 완성

초등 기탄

글을 빠르고 바르게 이해하는 학습 프로그램

대단한 독해

| 1단계_예술·스포츠 |

기초부터 탄탄하게
기탄교육

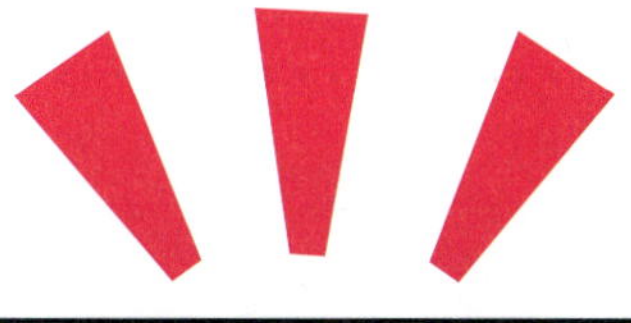

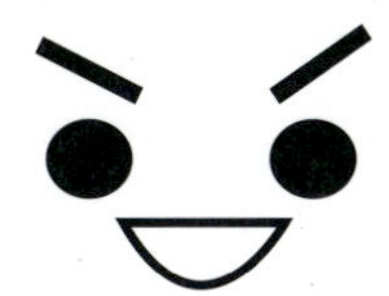

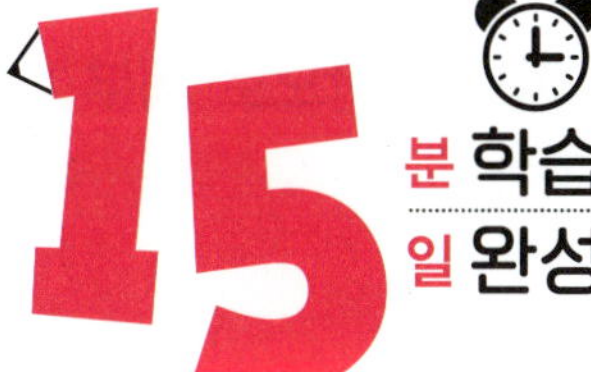

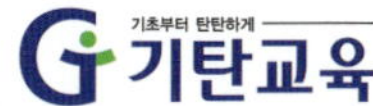

☆ **독해**가 어렵다고요?

글은 줄줄 잘 읽는데 막상 내용을 물어보면 고개를 갸우뚱하는 우리 아이! 뭐가 문제일까요? 바로 독해력이 부족하기 때문이에요. 독해력은 '글을 읽고 뜻을 이해하는 능력'을 말해요. 글자를 읽기만 하는 게 아니고, 내용을 바르게 이해하여 내 지식으로 만들 수 있는 능력이지요. 독해력이 뛰어나야 국어뿐만 아니라 수학, 과학, 사회, 역사, 예술 등 다른 공부를 할 때도 요점을 쉽게 파악하고 이를 바탕으로 세부 내용까지 이해하여 문제를 풀 수 있어요.

☆ 〈대단한 독해〉로 **시작하세요**

초등 기탄 〈대단한 독해〉는 영역별로 다양한 주제의 글을 읽고, 독해의 기초 원리를 적용한 문제를 차근차근 풀이하는 과정을 통해 독해력을 효과적으로 길러 주는 단계별 학습 프로그램이에요. 스스로 학습의 No.1 기탄교육이 만들어, 누구나 쉽고 즐겁게 독해 학습을 시작할 수 있답니다.

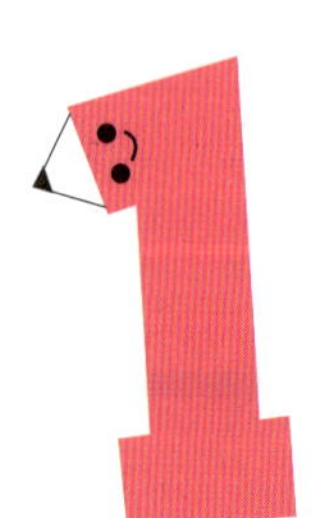

하루 15분,
즐겁게 휘리릭~!

처음에는 많이 읽기보다, 한 지문이라도 천천히 읽고 생각해 보며 흥미를 갖는 것이 중요해요. 〈대단한 독해〉는 쉽고도 부담 없는 분량의 지문으로 독해에 대한 재미와 성취감을 끌어올릴 수 있어요.

영역별 구성으로 즐거움 UP

〈대단한 독해〉는 단계별로 인문, 사회, 과학, 예술 · 스포츠 네 가지 영역, 총 4권으로 구성되어 있어요. 영역별 다양한 글을 읽으며 독해에 즐거움을 느낄 수 있지요. 또 교과 학습 과정과 연관된 내용을 통해 과목별 배경지식도 확장할 수 있답니다.

다양한 형태의 글 읽기로 사고력 UP

일기, 동화, 시, 설명문, 논설문, 생활문뿐 아니라 실생활에서 자주 볼 수 있는 안내문, 인터넷 게시판, SNS 등 다양한 형태의 글을 만나 볼 수 있어요. 다채로운 글을 읽으며 사고력과 이해력을 쑥쑥 키울 수 있어요.

글에서 아이들이 어렵게 느낄 수 있는 어휘를 따로 정리해 두었어요. 또 그날 배운 어휘를 재미있는 퀴즈로 풀어 보며 뜻과 다양한 활용을 익힐 수 있지요. 맞춤법도 꼼꼼히 확인할 수 있답니다.

낱말 풀이와 퀴즈로 어휘와 맞춤법까지 꼼꼼하게!

지문 독해 + 핵심 문제

<대단한 독해>는 1회당 4쪽씩
총 15회로 이루어져 있어요.
매일 4쪽씩 공부해 보세요.

시와 이야기, 설명문과 논설문 등
다양한 종류의 글과 독해 원리가
표시되어 있어요.

언제 공부했는지
날짜를 써 보세요.

독해 원리에 꼭 맞는 대표 유형
문제들은 왕관으로 표시했으니
주의하여 풀어 보세요.

공부한 날

1회

우화 누가 무엇을 했는지 알기

은혜 갚은 독수리

일을 하고 돌아가던 농부가 그물에 걸린 독수리를 보았어요.
"저런, 꼼짝없이 죽게 생겼구나."
농부는 독수리가 *가여웠어요.
"조금만 기다려라."
농부가 그물을 풀어 주자 독수리는 훨훨 날아갔어요.
며칠이 지난 어느 날이었어요.
"어이쿠, 힘들다. 조금만 쉬었다 해야지."
밭에서 일하던 농부는 *근처에 있는 돌담에 *기대앉았어요. 그런
데 갑자기 독수리가 날아오더니 농부의 모자를 휙 *낚아챘어요.
"거기 서라! 거기 서!"
농부는 소리를 지르며 독수리를 쫓아갔어요. 하지만 독수리는 멈
추지 않고 계속 날아갔어요.
'내가 구해 주었는데 은혜도 모르고 모자를 가져가다니!'
그때 뒤에서 *요란한 소리가 났어요. 놀란 농부가 뒤
를 돌아보자 돌담이 와르르 무너져 내렸지요.
㉠'독수리가 나를 구하려고 모자를 채서 날아갔구나.
독수리가 아니었다면 나는 돌담에 깔렸을 거야.'
그때 독수리가 농부의 모자를 땅 위에 툭 떨어뜨
려 주었어요. 농부는 독수리에게 고맙다며 인사를
했답니다.

이솝, 「은혜 갚은 독수리」

어떻게 읽을까?
이야기에 어떤 인물이 나
오는지, 그 인물이 한 일
은 무엇인지 살피면서 읽
어 봐.

* **가여웠어요:** 마음이 아플 정도로 불쌍하고 딱했어요.
* **근처:** 가까운 곳.
* **기대앉았어요:** 벽 등에 몸을 의지하여 비스듬히 않았어요.
* **낚아챘어요:** 남의 물건을 재빨리 빼앗거나 가로챘어요.
* **요란한:** 시끄럽고 떠들썩한.

8

내용 이해
1 이 글에 나오는 인물은 누구와 누구인지 빈칸에 쓰세요.

☐☐ 와 ☐☐☐

내용 이해
2 이 글에서 농부가 한 일은 무엇인가요? (　　　)

① 그물로 독수리를 잡았다.　　② 모자를 낚아채 달아났다.
③ 모자를 땅 위에 떨어뜨렸다.　④ 돌을 쌓아 담을 만들었다.
⑤ 그물을 풀어 독수리를 구했다.

추론하기
3 ㉠에서 짐작할 수 있는 농부의 마음에 ○표 하세요.

슬픈 마음	고마운 마음	부끄러운 마음
(1) (　　)	(2) (　　)	(3) (

비판하기
4 독수리의 행동에 대해 알맞게 말한 친구에게 ○표 하세요.

(1) 자신을 구한 농부의 모자를 낚아채서 달아나다니 독
수리는 은혜를 모르는 동물이야.

(2) 돌담이 무너지려는 것을 알고 농부를 구하기 위해 모
자를 낚아채다니 독수리는 지혜롭구나.

'어떻게 읽을까'는 글을 읽어 나가는
방향을 알려 주는 길잡이예요. 글을
읽기 전에 먼저 살펴 두세요.

어려운 낱말은 낱말 풀이에 정리해
두었어요. 낱말의 뜻을 알아보며
읽어 보세요.

2 짧은 지문 독해 + 어휘력 퀴즈

독해 원리와 관련 있는 지문을
다시 한번 공부해요.

지문에 나온 낱말의 뜻과 쓰임,
어휘, 맞춤법을 퀴즈로 풀어 봐요.

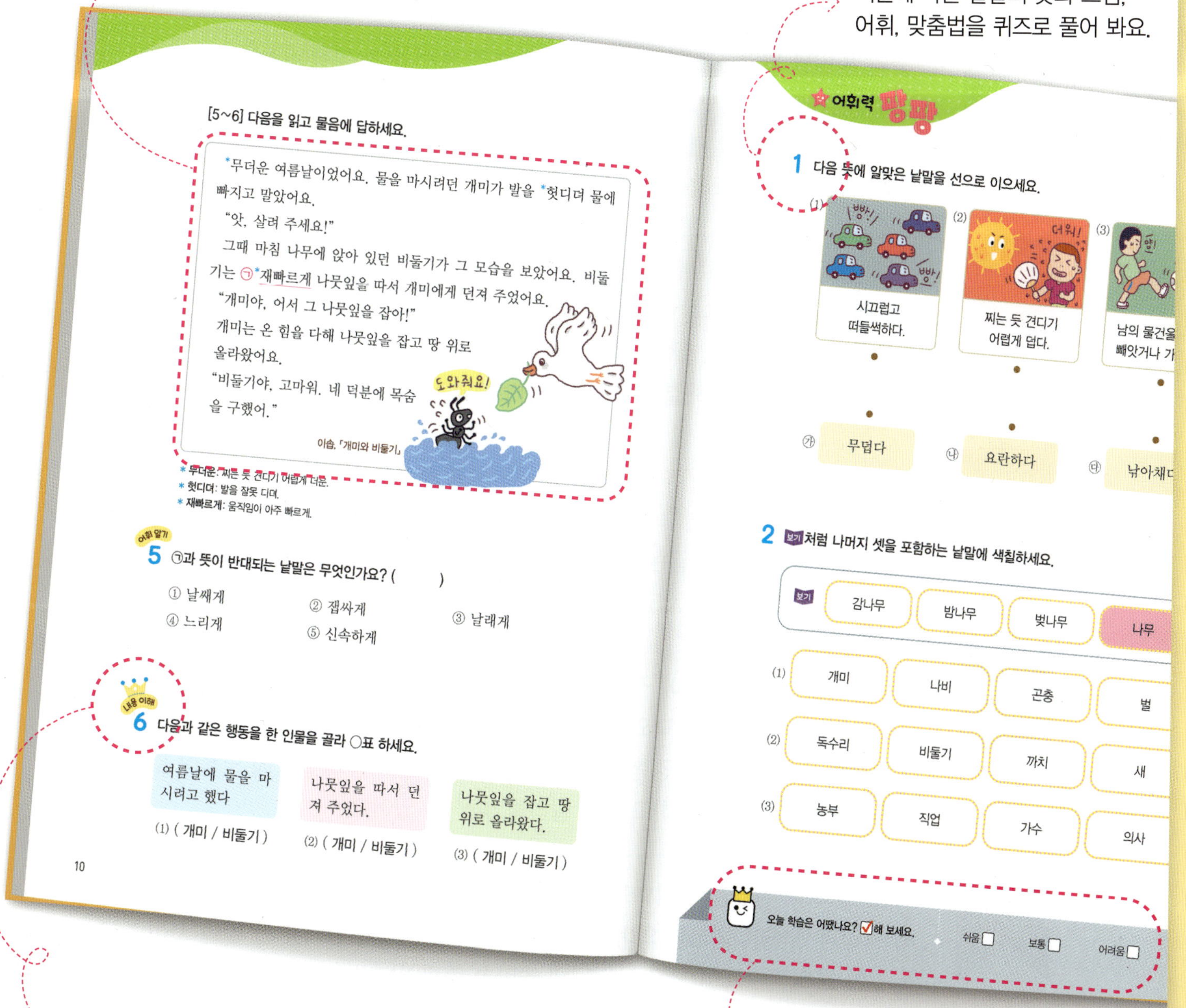

[5~6] 다음을 읽고 물음에 답하세요.

*무더운 여름날이었어요. 물을 마시려던 개미가 발을 *헛디뎌 물에 빠지고 말았어요.

"앗, 살려 주세요!"

그때 마침 나무에 앉아 있던 비둘기가 그 모습을 보았어요. 비둘기는 ㉠*재빠르게 나뭇잎을 따서 개미에게 던져 주었어요.

"개미야, 어서 그 나뭇잎을 잡아!"

개미는 온 힘을 다해 나뭇잎을 잡고 땅 위로 올라왔어요.

"비둘기야, 고마워. 네 덕분에 목숨을 구했어."

이솝, 「개미와 비둘기」

* 무더운: 찌는 듯 견디기 어렵게 더운.
* 헛디뎌: 발을 잘못 디뎌.
* 재빠르게: 움직임이 아주 빠르게.

어휘 알기

5 ㉠과 뜻이 반대되는 낱말은 무엇인가요? (   )

① 날쌔게　　② 잽싸게　　③ 날래게
④ 느리게　　⑤ 신속하게

내용 이해

6 다음과 같은 행동을 한 인물을 골라 ○표 하세요.

여름날에 물을 마시려고 했다	나뭇잎을 따서 던져 주었다.	나뭇잎을 잡고 땅 위로 올라왔다.
(1) (개미 / 비둘기)	(2) (개미 / 비둘기)	(3) (개미 / 비둘기)

10

☆ 어휘력 팡팡

1 다음 뜻에 알맞은 낱말을 선으로 이으세요.

(1)

시끄럽고 떠들썩하다.
•

(2)

찌는 듯 견디기 어렵게 덥다.
•

(3)

남의 물건을 빼앗거나 가로채다.

•

㉮ 무덥다　　㉯ 요란하다　　㉰ 낚아채다

2 보기 처럼 나머지 셋을 포함하는 낱말에 색칠하세요.

보기	감나무	밤나무	벚나무	나무
(1)	개미	나비	곤충	벌
(2)	독수리	비둘기	까치	새
(3)	농부	직업	가수	의사

오늘 학습은 어땠나요? ☑해 보세요.　◆ 쉬움 ☐　보통 ☐　어려움 ☐

앞서 배운 독해 원리를
대표 유형 문제로 반복해서
연습해요.

오늘의 공부를 마친 뒤에는
독해 학습이 어땠는지
스스로 평가해요.

6가지 독해 문제 유형

내용 이해

글에 나타난 정보나 사실 등을 이해하고 확인하는 문제 유형이에요. 글의 제목이나 중심 문장을 찾아보거나, 글쓴이의 의견과 까닭, 이야기 속에서 일어난 일을 찾는 문제가 주로 나와요. 글을 전체적으로 빠르게 훑어 보고, 문제와 관련 있는 부분은 좀 더 주의를 기울여 읽으면서 글의 내용을 파악해 보세요.

구조 알기

글의 짜임을 파악하고 중요한 내용을 간추려 보는 문제 유형이에요. 각 문단의 내용을 파악해 전체 글의 구조를 이해하는 문제나 일이 일어난 차례를 알아보는 문제가 주로 나와요. 글을 읽을 때 간단한 그림이나 표로 정리해 보면, 대상을 비교하거나 글의 흐름을 파악하는 데 도움이 될 수 있어요.

추론 하기

글의 내용을 바탕으로 글에 숨겨진 정보나 의미를 유추해 보는 문제 유형이에요. 생략된 내용을 추측하거나, 이야기 속 인물의 말과 행동을 통해 생각이나 성격을 짐작하는 문제가 주로 나와요. 글의 전체 내용을 이해하고, 앞뒤 문장이나 중심 낱말을 중점적으로 살펴보며 문제를 해결할 단서를 찾아보세요.

비판 하기

글에 나오는 의견과 근거가 올바른지 판단하고 평가하는 문제 유형이에요. 글쓴이의 생각과 그 까닭이 타당한지 살펴보거나, 이야기 속 인물의 생각과 내 생각을 비교해 보는 문제가 주로 나와요. 글쓴이나 인물의 의견이 한쪽으로 치우치지 않는지, 까닭은 의견을 잘 뒷받침하고 있는지 꼼꼼하게 따져 보세요.

문제 해결

글의 내용을 실제 생활에 적용해 보는 문제 유형이에요. 글쓴이가 겪은 일과 비슷한 경험을 찾는 문제가 주로 나와요. 글쓴이의 생각이나 이야기 속 인물의 마음이 잘 드러난 부분을 읽으며 자신의 경험을 떠올려 보거나, 다른 사람의 입장에 비추어 보는 과정을 통해 문제 상황을 이해하고 해결 방안을 찾을 수 있어요.

어휘 알기

글을 읽으며 낱말을 살펴보고, 낱말의 정확한 뜻과 형태를 알아보는 문제 유형이에요. 낱말과 관용어, 속담의 의미를 물어보거나 비슷한말과 반대말 등 낱말 사이의 관계에 관한 문제가 주로 나오지요. 낱말의 올바른 뜻과 맞춤법을 익히는 것은 글을 빠르고 정확하게 이해하기 위한 기본 원리랍니다.

1단계 (초등 1~2학년)_예술·스포츠

일기 글쓴이가 겪은 일 파악하기

10월 14일	일요일	날씨    

제목: 큰 복을 부르는 경복궁

오늘은 일요일이었지만 일찍 일어났다. 온 가족이 경복궁에 가기로 했기 때문이다. 우리는 지하철에서 내려 경복궁으로 향했다.

맨 처음 본 것은 경복궁의 *정문인 광화문이었다. 높은 *담장에 둘러싸인 광화문 앞에는 키가 큰 *수문장들이 문을 지키고 있었다. ㉠ 로봇처럼 꼼짝도 하지 않고 문을 지키는 모습이 살짝 무섭게 느껴졌다.

안에 들어서니 근정전과 운동장처럼 넓은 마당이 나타났다. 이곳은 나라에 큰 행사가 있거나 외국의 *사신을 맞을 때 썼다고 했다. 건물 안에는 왕이 앉던 의자와 해, 달, 소나무, 산봉우리가 그려진 멋진 그림이 있었다. 해와 달이 함께 그려져 있어 신기했다.

근정전을 돌아보고 나서 연못 안에 있는 건물인 경회루를 구경했다. 물에 비친 풍경과 배처럼 떠 있는 경회루의 모습이 아름다웠다.

돌아오는 길에 아빠는 '경복궁'이라는 이름에 '큰 복을 누리라'는 뜻이 담겨 있다고 알려 주셨다. ㉡왠지 경복궁에 다녀온 나에게도 좋은 일이 생길 것만 같았다.

* **정문**: 궁궐이나 관청에 세운 세 개의 문 중 가운데에 있는 문.
* **담장**: 집의 둘레나 일정한 공간을 둘러막기 위해 흙, 돌, 벽돌 등으로 쌓아 올린 것.
* **수문장**: 궁궐이나 성의 문을 지키던 장수.
* **사신**: 임금이나 나라의 명령을 받고 다른 나라에 파견되는 신하.

1 글쓴이가 하루 동안 겪은 일이 <u>아닌</u> 것은 무엇인가요? (　　　)

① 일요일이어서 늦잠을 잤다.

② 왕이 앉던 의자와 그림을 보았다.

③ 연못 안의 건물인 경회루를 구경했다.

④ 가족들과 지하철을 타고 경복궁에 갔다.

⑤ 문을 지키는 수문장을 보고 무섭다고 생각했다.

2 ㉠에 들어갈 알맞은 낱말에 ○표 하세요.

만약	결코	마치	그리고

3 글쓴이가 경복궁에서 본 것의 차례에 맞게 숫자를 쓰세요.

근정전

경회루

광화문

(1) (　　　　)　　　(2) (　　　　)　　　(3) (　　　　)

4 글쓴이가 ㉡처럼 생각한 까닭을 알맞게 말한 친구에게 ○표 하세요.

(1) 경복궁에 가서 직접 왕을 만나고 왔기 때문이야.

(2) 경복궁의 이름에 큰 복을 누리라는 뜻이 담겨 있기 때문이야.

[5~6] 다음을 읽고 물음에 답하세요.

저녁을 먹고 엄마, 아빠와 텔레비전을 볼 때였다. 마침 뉴스에 경복궁에서 '별빛야행'이라는 행사가 열린다는 내용이 나왔다. 환하게 불을 밝힌 경복궁은 낮보다 훨씬 멋있어서 마음이 *설렜다. 나도 한 번 가 보고 싶다고 엄마, 아빠를 졸랐다.

아빠는 *예약해야 갈 수 있다며 컴퓨터를 켜셨다. ㉠하지만 아쉽게도 우리 가족이 원하는 날에는 관람 인원이 다 차서 예약을 할 수 없었다. 다음에는 꼭 밤에 경복궁을 둘러보고 싶다.

* **설렜다**: 마음이 차분하지 않고 들떠서 두근거렸다.
* **예약해야**: 자리나 물건 등을 사용하기 위해 미리 약속해야.

5 글쓴이가 겪은 일은 무엇인지 기호를 쓰세요.

㉮ 밤에 경복궁에서 하는 행사를 예약했다.
㉯ 엄마, 아빠께 경복궁에 가자고 조르다가 혼이 났다.
㉰ 텔레비전에서 '별빛야행' 행사가 열린다는 뉴스를 보았다.

(   )

6 ㉠의 상황에서 글쓴이에게 해 줄 말을 알맞게 말한 친구에게 ○표 하세요.

1 다음 뜻에 알맞은 낱말을 보기 에서 찾아 쓰세요.

> 보기　　정문　　담장　　사신　　수문장

집의 둘레나 일정한 공간을 둘러막기 위해 흙, 돌, 벽돌 등으로 쌓아 올린 것.

(1) ☐☐

궁궐이나 관청에 세운 세 개의 문 중 가운데에 있는 문.

(2) ☐☐

궁궐이나 성의 문을 지키던 장수.

(3) ☐☐☐

임금이나 나라의 명령을 받고 다른 나라에 파견되는 신하.

(4) ☐☐

2 빈칸에 들어갈 알맞은 낱말에 ○표 하세요.

(1) 근정전에는 해와 달, 소나무, ☐☐☐가 그려진 멋진 그림이 있어요.

(산봉우리 / 산봉오리)

(2) 따뜻한 봄이 되니 나뭇가지마다 빨간색의 ☐☐☐가 동그랗게 맺혀 있어요.

(꽃봉오리 / 꽃봉우리)

호두까기 인형

어떻게 읽을까?
이야기에서 마리와 프리츠가 한 말과 행동을 상상하며 읽어 봐.

내일은 크리스마스예요. 눈이 내려 세상은 하얗게 변했고, 마리와 프리츠는 온종일 크리스마스 선물을 기다렸어요.

그때 드로셀마이어 삼촌이 찾아왔어요. *판사인 드로셀마이어 삼촌은 무엇이든 만들어 내는 *재주가 있었어요. 그래서 마리와 프리츠에게 장난감을 만들어 주곤 했지요. 삼촌은 프리츠에게는 나무로 만든 칼을, 마리에게는 나무 *병정 인형을 선물했어요.

"어? 마리 선물은 호두까기 인형이네."

프리츠는 병정 인형의 입 속에 호두를 넣더니 등 뒤에 있는 손잡이를 마구 돌렸어요. 그러자 '와그작' 소리와 함께 호두까기 인형의 입이 망가져 버렸어요.

(가)

"   ㉠   "

이 광경을 본 마리는 *울상이 되었어요.

밤이 되자, 마리는 호두까기 인형을 크리스마스트리 아래에 두고 잠자리에 들었어요. 하지만 다친 인형이 걱정된 마리는 다시 거실에 나와 호두까기 인형의 다친 어깨를 리본으로 *동여매 주었어요. 그리고는 크리스마스트리 아래에서 깜빡 잠이 들었지요.

에른스트 호프만, 『호두까기 인형』

* **판사**: 법원에서 재판을 진행하고 결정을 내리는 법관.
* **재주**: 무엇을 잘하는 타고난 능력.
* **병정**: 군대에서 임무를 맡은 군인.
* **울상**: 금방이라도 울음을 터뜨릴 것 같은 표정.
* **동여매**: 끈이나 실 등으로 두르거나 감아서 꽉 묶어.

1 이 글에서 일이 일어난 때는 언제인지 빈칸에 알맞은 낱말을 쓰세요.

☐☐☐☐☐ 전날

2 마리와 프리츠가 받은 선물을 알맞게 선으로 이으세요.

(1) 마리 •

(2) 프리츠 •

• ㉮ 나무로 만든 칼

• ㉯ 호두까기 인형

3 ㉮의 장면에서 프리츠에게 해 줄 말을 <u>두 개</u> 고르세요. (,   )

① 물건을 잘 다루는구나.

② 물건을 함부로 다루면 안 돼.

③ 마리에게 겁을 주어서는 안 돼.

④ 마리의 선물이니 마리의 허락을 받고 써야 해.

⑤ 등 뒤의 손잡이가 아니라 인형의 머리를 돌려야 해.

4 ㉠에 들어갈 알맞은 말에 ○표 하세요.

아, 불쌍한 내 병정 인형!	내 인형은 정말 작고 귀여워!	인형을 다 함께 가지고 놀면 좋겠어.
(1) ( )	(2) ( )	(3) ( )

'댕댕' 하는 *괘종시계 소리에 잠들었던 마리가 깼어요. 그런데 그때 신기한 일이 일어났어요. 인형들이 갑자기 사람처럼 커지는 거예요. 소파 뒤에서는 몸집이 커진 생쥐 *부대가 마리를 향해 다가오기 시작했지요. 마리는 너무 무서웠어요.

그때 어디선가 호두까기 인형이 나타나 나무칼로 생쥐 부대와 *맞서 싸웠어요. 하지만 나무칼로는 생쥐 부대를 막아 내기 힘들어 보였어요. 마리는 신고 있던 슬리퍼를 벗어 생쥐들에게 던졌답니다.

에른스트 호프만, 「호두까기 인형」

* **괘종시계**: 벽이나 기둥에 걸어 시간마다 종이 울리는 시계.
* **부대**: 일정한 규모로 이루어진 군인의 무리.
* **맞서**: 서로 겨루어 굽히지 않고 버텨.

내용 이해

5 이 글의 내용으로 알맞으면 ○표, 알맞지 <u>않으면</u> ✕표 하세요.

(1) 마리가 신기한 꿈을 꾸었다. ( )

(2) 소파 뒤에서 몸집이 커진 생쥐 부대가 나타났다. ( )

(3) 호두까기 인형이 나무칼로 생쥐 부대와 맞서 싸웠다. ( )

추론하기

6 이 글을 읽고 장면을 상상한 그림에 ○표 하세요.

(1) ( )

(2) ( )

1 마녀가 묻는 질문에 알맞은 낱말을 색칠해서 백설 공주를 구하세요.

오늘 학습은 어땠나요? ✔해 보세요.　　쉬움 ☐　　보통 ☐　　어려움 ☐

정월 대보름에 하는 불놀이

정월 대보름은 음력 1월 15일을 말해요. 우리 조상들은 둥근 보름달이 *풍요롭다고 생각해 정월 대보름을 중요하게 여겼지요. 정월 대보름에는 다섯 가지 곡식으로 오곡밥을 짓고, 여러 가지 나물로 반찬을 해서 먹었어요. 함께 모여서 연날리기, 줄다리기, 쥐불놀이 같은 *민속놀이도 즐겼지요. 그중에서도 쥐불놀이는 해가 지면 하는 놀이로, 어른과 아이 모두 좋아하는 불놀이였어요.

쥐불놀이를 하려면 먼저 빈 깡통에 구멍을 숭숭 뚫어요. 뚫린 구멍으로 바람이 통해야 불이 잘 붙고, 잘 타거든요. 다음으로 깡통에 마른 나뭇가지와 솔방울을 넣어 불을 붙여요. 불이 붙으면 깡통을 공중으로 휘휘 원을 그리도록 돌리며 불꽃을 즐겨요. 마지막에는 돌리던 깡통을 논밭에 떨어뜨려 불을 놓지요. 이 불로 곡식을 갉아 먹던 쥐를 쫓고, 해로운 벌레도 없앴어요. 불에 타고 남은 *재는 논밭에 *거름이 되었지요.

그러나 요즘에는 산불로 번질까 봐 진짜 불을 붙이는 쥐불놀이는 잘 하지 않아요. 그 대신 *발광 다이오드로 만든 불로 안전하게 쥐불놀이를 한답니다.

> **어떻게 읽을까?**
> 쥐불놀이를 하는 방법은 무엇인지 일의 차례를 살피면서 읽어 봐.

* **풍요롭다고**: 매우 많아서 넉넉함이 있다고.
* **민속놀이**: 사람들의 생활 속에서 전해 내려오는 놀이.
* **재**: 불에 타고 남은 가루.
* **거름**: 풀이나 나무가 잘 자라도록 흙에 뿌리거나 섞는 물질.
* **발광 다이오드**: 빛을 내는 전자 부품. LED라고도 함.

1 정월 대보름에 하는 일이 <u>아닌</u> 것은 무엇인가요? (   )

① 오곡밥 짓기

② 연날리기 하기

③ 쥐불놀이 하기

④ 농사에 쓸 거름 만들기

⑤ 여러 가지 나물 반찬 만들기

2 쥐불놀이에 대한 설명으로 알맞지 <u>않은</u> 것에 ○표 하세요.

쥐불놀이는 해가 있을 때만 할 수 있던 놀이였다.	쥐불놀이를 하면 쥐와 해로운 벌레를 없앨 수 있다.	오늘날에는 쥐불놀이를 안전하게 하는 방법을 쓰고 있다.
(1) ( )	(2) ( )	(3) ( )

3 쥐불놀이를 하는 차례에 맞게 숫자를 쓰세요.

(1)

(2)

(3)

(4)

[4~5] 다음을 읽고 물음에 답하세요.

㉠곧 즐거운 정월 대보름이에요.
와그작! *부럼을 깨고 건강한 한 해 보내세요.

㉡첫째, ㉢대보름 하루 전날 부럼을 깨끗이 씻어 미리 준비해 두세요.

㉣둘째, ㉤대보름날 아침에 부럼을 깨면서 한 해 동안 *부스럼 없이 건강하기를 빌어요.

셋째, 깬 부럼을 가족들과 함께 맛있게 나누어 먹어요.

* **부럼**: 대보름날 아침에 깨물어 먹는 땅콩, 호두, 잣 같은 딱딱한 열매.

* **부스럼**: 피부에 균이 들어가서 생기는 상처.

어휘 알기

4 ㉠~㉤ 중 일의 차례를 나타내는 낱말을 <u>두 개</u> 골라 기호를 쓰세요.

(,   )

구조 알기

5 부럼 깨기 차례에 맞게 기호를 쓰세요.

> ㉮ 부럼을 깨끗이 씻어 놓는다.
>
> ㉯ 가족들과 함께 부럼을 나누어 먹는다.
>
> ㉰ 부럼을 깨면서 한 해 동안 건강하기를 빈다.

(   ) ➡ (   ) ➡ (   )

1 첫소리를 참고해 다음 뜻에 알맞은 낱말을 빈칸에 쓰세요.

(1) ㅍ ㅇ ㄹ ㄷ
매우 많아서 넉넉함이 있다.

(2) ㅁ ㅅ ㄴ ㅇ
사람들의 생활 속에서 전해 내려오는 놀이.

(3) ㅂ ㄹ
대보름날 아침에 깨물어 먹는 땅콩, 호두, 잣 같은 딱딱한 열매.

2 다음 낱말과 반대되는 뜻을 가진 낱말을 복주머니에서 찾아 쓰세요.

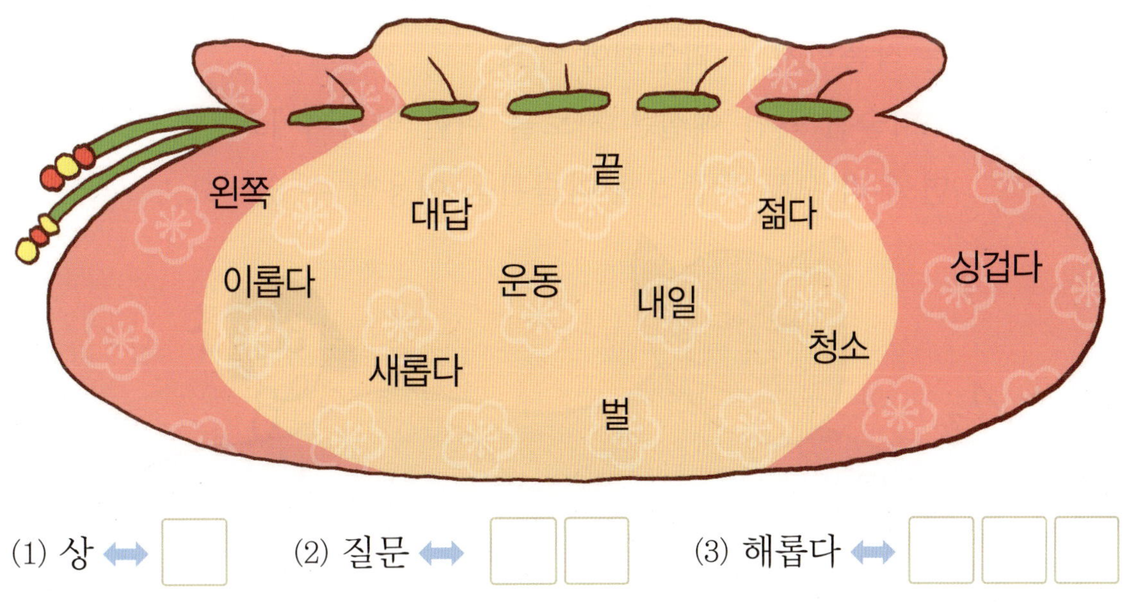

(1) 상 ⟷ ☐☐   (2) 질문 ⟷ ☐☐   (3) 해롭다 ⟷ ☐☐☐

이것만은 꼭 지켜요!

그림이나 조각, *공예품을 *전시하는 미술관에 가면 장난을 치거나 시끄럽게 떠드는 친구들 때문에 눈살을 찌푸릴 때가 많아요. 여러 사람이 이용하는 미술관은 *공공장소이므로, 예절을 꼭 지켜야 한답니다. 미술관에서는 어떤 예절을 지켜야 할까요?

첫째, 전시된 작품에 너무 가까이 다가가거나 함부로 만지면 안돼요. 작품을 더럽히거나 망가뜨릴 수 있어요.

둘째, 미술관에서 뛰어다니거나 큰 소리로 떠들지 마세요. 다른 사람의 *관람을 *방해할 수 있거든요. 되도록 이야기하지 말고 조용히 작품을 감상해요.

셋째, 미술관에서 음식을 먹거나 음식물을 가지고 들어가지 마세요. 음식 냄새를 풍기거나 음식물을 흘릴 수 있으니까요. 음식물은 반드시 정해진 곳에서만 먹도록 해요.

넷째, 사진을 찍지 마세요. 특히 플래시를 터뜨리면 작품이 빛에 상할 수 있어요. 그러니 작품을 촬영하고 싶다면 사진을 찍을 수 있는 작품인지 꼭 확인해야 해요.

미술관 관람 예절은 서로를 위한 약속이에요. 이 약속을 잘 지키면 우리 모두가 즐겁게 미술관을 이용할 수 있어요.

* **공예품**: 실제로 쓰기에 알맞으면서 아름답게 만든 물건.
* **전시하는**: 여러 가지 물품이 한곳에 벌여 놓아져 볼 수 있게 하는.
* **공공장소**: 도서관, 공원, 우체국 등 여러 사람이 함께 이용하는 곳.
* **관람**: 연극, 영화, 운동 경기, 미술품 등을 구경함.
* **방해할**: 남의 일을 간섭하고 막아 해를 끼칠.

1 미술관에서 지켜야 할 예절이 <u>아닌</u> 것은 무엇인가요? (   )

① 음식물은 정해진 곳에서만 먹는다.

② 전시된 작품을 함부로 만지지 않는다.

③ 친구와 뛰어다니거나 장난을 치지 않는다.

④ 친구와 이야기하지 않고 조용히 작품을 감상한다.

⑤ 마음에 드는 작품은 플래시를 터뜨려 선명하게 사진을 찍는다.

2 다음 글쓴이의 생각에 대한 까닭이 <u>아닌</u> 것에 ○표 하세요.

> 미술관 관람 예절을 꼭 지키자.

(1) 미술관은 여러 사람이 이용하는 공공장소이다.   (   )

(2) 관람 예절을 지키지 않으면 선생님께 야단을 맞는다.   (   )

(3) 관람 예절을 잘 지키면 미술관을 즐겁게 이용할 수 있다.   (   )

3 이 글을 읽고 알맞게 행동한 친구에게 ○표 하세요.

(1) 작품이 어떻게 만들어졌는지 직접 만져 봤어.

(2) 미술관에 들어가기 전에 음료수를 다 먹고 왔어.

(3) 미술관에서 친한 친구를 만나 뛰어다니며 놀았어.

[4~5] 다음을 읽고 물음에 답하세요.

저희 □□미술관에서는 *체험 프로그램으로 '그림이랑 놀자' 행사를 진행합니다. 헨젤과 그레텔의 과자 집에 놀러 와, 상상 속 친구 그리기, 내가 만드는 인형극 같은 재미있는 체험을 할 수 있습니다. 어린이 친구들의 많은 *신청 바랍니다.

- *참가 대상: 초등학교 전 학년
- 참가 방법: 미술관 누리집에서 신청하기
- 기간: 20△△년 10월 5일~10월 20일

㉠체험 프로그램에 참가하고 싶어요. ㉡동화 속 과자 집에 어떻게 놀러 갈 수 있는지 너무 궁금해요. ㉢동생이랑 같이 갈래요!

저도 체험 프로그램 신청합니다.

㉣인형극은 한 번도 만들어 본 적이 없는데, 저도 할 수 있겠지요?

* **체험**: 자기가 몸소 겪는 것.
* **신청**: 단체나 기관 등에 어떤 일을 해 달라고 요청함.
* **참가**: 모임이나 단체, 경기, 행사 등의 자리에 가서 함께함.

내용 이해

4 이 글의 내용으로 알맞으면 ○표, 알맞지 <u>않으면</u> ✕표 하세요.

(1) 초등학생은 '그림이랑 놀자' 행사에 참여할 수 있다. (   )

(2) '그림이랑 놀자' 행사에서는 퍼즐 게임을 할 수 있다. (   )

(3) 행사에 참가하려면 미술관 누리집에서 신청하면 된다. (   )

내용 이해

5 ㉠은 글쓴이의 생각이에요. ㉡~㉣ 중 그 까닭을 골라 기호를 쓰세요.

(   )

1 낱말 뜻에 알맞은 글자를 글자 카드에서 찾아 빈칸에 쓰세요.

| 장 | 공 | 전 | 관 | 가 | 해 | 예 |

아저씨의 그림이 좋아요!

고흐 아저씨께

아저씨, 안녕하세요? 저는 대한민국에 사는 이정아예요.

아저씨의 *위인전을 읽고 아저씨께 편지를 쓰고 싶었어요. 아저씨는 동생 테오에게 편지를 자주 쓰셨잖아요. 그런데 아저씨가 답장을 많이 받지 못하신 것 같아서 제가 꼭 편지를 써야겠다고 생각했지요. 아저씨의 *쓸쓸한 마음을 *달래 드리고 싶었거든요.

저는 아저씨가 그리신 그림 중에 「해바라기」를 가장 좋아해요. 할머니 댁에서 해바라기를 봤는데 아저씨 그림과 아주 비슷해서 신기했어요. 또, 책에서 본 아저씨의 「*자화상」도 슬프지만 멋진 그림이라고 생각했지요. 저도 매일 그림 연습을 하면 아저씨처럼 멋진 그림을 그릴 수 있을까요?

사람들이 아저씨 그림을 많이 좋아하고, 저도 아저씨 그림을 가장 좋아한다는 것을 알아주셨으면 좋겠어요.

㉠

20△△년 10월 26일

이정아 올림

* **위인전**: 뛰어나고 훌륭한 사람의 업적과 삶을 적은 글이나 책.
* **쓸쓸한**: 마음이 외롭고 허전한.
* **달래**: 힘든 감정이나 기분을 가라앉게 해.
* **자화상**: 스스로 자기 얼굴 모습을 그린 그림.

내용·이해

1 이 편지는 누가 누구에게 쓴 것인지 (   ) 안에 알맞은 말을 쓰세요.

(   )가 (   )에게

구조 알기

2 ㉠에 들어갈 내용으로 가장 알맞은 것은 무엇인가요? (   )

① 아저씨를 처음 만나서 반가워요.

② 안녕하세요? 저는 2학년 1반 이정아예요.

③ 「해바라기」 그림은 우리 가족들도 모두 좋아해요.

④ 다음에 또 편지 쓸게요. 그때까지 안녕히 계세요.

⑤ 아저씨의 그림을 좋아해서 편지를 쓰게 되었어요.

추론하기

3 이 글에서 글쓴이가 전하려는 마음이 <u>아닌</u> 것에 ○표 하세요.

고흐의 그림을 좋아하는 마음	고흐와 만날 수 없어서 아쉬운 마음	답장을 좀처럼 받지 못한 고흐를 위로하는 마음
(1) ( )	(2) ( )	(3) ( )

구조 알기

4 이와 같은 글을 쓰는 방법을 알맞게 말한 친구의 이름을 쓰세요.

민지: 편지는 꼭 만날 수 있는 사람에게만 써야 해.

선우: 편지를 쓸 때에는 꼭 필요한 내용을 빠뜨리지 말아야 해.

(   )

[5~6] 다음을 읽고 물음에 답하세요.

* **평생**: 세상에 태어나서 죽을 때까지의 동안.

내용 이해

5 이 글의 내용으로 알맞으면 ○표, 알맞지 <u>않으면</u> ✕표 하세요.

(1) 동생 테오가 고흐를 만나러 와 주었다. ( )

(2) 고흐는 동생 테오와 함께 집에서 그림을 그렸다. ( )

(3) 고흐와 동생 테오는 오랫동안 서로 만나지 못했다. ( )

추론하기

6 이 글에서 글쓴이가 전하려는 마음은 무엇인가요? ( )

① 동생을 만나서 기쁜 마음　　② 살던 곳을 그리워하는 마음

③ 동생을 만나고 싶지 않은 마음　　④ 편지 쓰는 것을 좋아하는 마음

⑤ 그림을 열심히 그리고 싶은 마음

1 다음 뜻에 알맞은 낱말을 보기에서 찾아 사다리를 타고 내려가 빈칸에 쓰세요.

> 보기   평생   위인전   자화상

2 밑줄 친 낱말과 반대되는 뜻을 가진 낱말에 색칠하세요.

(1) 아저씨는 동생 테오에게 편지를 <u>자주</u> 쓰셨잖아요.

> 가끔   날마다

(2) <u>먼</u> 곳에서 떨어져 지내다가 오랜만에 만나니 얼마나 좋던지.

> 넓은   가까운

㉠

악기는 음악을 연주하는 데 쓰는 기구예요. 악기는 연주하는 방법에 따라 타악기, 현악기, 관악기로 나눌 수 있어요.

타악기는 두드리거나 때려서 소리를 내는 악기예요. 손으로 두드리거나 막대로 쳐서 소리를 내지요. *대표적인 타악기는 북이에요. 나무로 만든 통에 가죽을 팽팽하게 씌우고 손이나 *채로 두드려 *웅장한 소리를 내지요. 타악기에는 드럼, 실로폰, 꽹과리, 장구 등이 있어요.

현악기는 줄을 이용해 소리를 내는 악기예요. 가야금이나 기타는 손으로 줄을 뜯거나 튕겨서 소리를 내고, 바이올린이나 첼로는 *활로 줄을 문질러 소리를 내요. 현악기는 높고 낮은 소리, 여리고 센 소리를 모두 낼 수 있어 다양한 소리를 표현할 수 있어요.

관악기는 입으로 불어서 소리를 내는 악기예요. *금속이나 나무로 만든 기다란 관에 구멍을 내고 손가락으로 구멍을 막거나 떼어 높은 음과 낮은 음을 만들어요. 대표적인 관악기에는 피리, 플루트, 태평소, 트럼펫, 색소폰 등이 있어요.

어떻게 읽을까?

각각의 악기들은 어떤 특징을 가지고 있는지 살피며 읽어 봐.

* **대표적인**: 어떤 집단이나 분야를 대표할 만큼 가장 두드러지거나 뛰어난.
* **채**: 북, 장구, 꽹과리, 징 등의 타악기를 쳐서 소리를 내게 하는 도구.
* **웅장한**: 크기나 분위기 등이 무척 크고 무게가 있는.
* **활**: 현악기의 줄을 켜는 도구.
* **금속**: 철, 금, 은, 알루미늄과 같은 쇠를 뭉뚱그려서 이르는 말.

1 ㉠에 들어갈 제목으로 알맞은 것에 ○표 하세요.

악기의 이름   악기의 종류   악기 만드는 법

(1) (   )   (2) (   )   (3) (   )

2 다음 중 연주하는 방법이 <u>다른</u> 악기는 무엇인가요? (   )

① 북

② 드럼

③ 장구

④ 실로폰

⑤ 트럼펫

3 다음은 이 글의 내용을 간추린 것이에요. 빈칸에 들어갈 알맞은 낱말을 쓰세요.

> 악기는 □□하는 방법에 따라 타악기, 현악기, 관악기로 나눌 수 있다. 타악기는 두드리거나 때려서 소리를 내는 악기이고, 현악기는 □을 이용해 소리를 내는 악기이다. 또, 관악기는 □으로 불어서 소리를 내는 악기이다.

[4~5] 다음을 읽고 물음에 답하세요.

바이올린과 첼로는 생김새가 비슷한 현악기예요. 두 악기는 몸통에 네 개의 줄이 있어 이 줄을 활로 문질러 소리를 내지요. 몸통이 모두 나무로 만들어졌다는 점도 같아요.

그러나 두 악기는 　㉠　 가 많이 차이 나요. 바이올린은 크기가 작아서 연주하는 사람이 어깨에 악기를 올려놓고 연주하지요. *반면 바이올린에 비해 두 *배나 큰 첼로는 연주하는 사람이 의자에 앉아서 악기를 바닥에 세우고 연주해요.

두 악기는 악기에서 나는 소리도 달라요. 바이올린은 주로 가볍고 높은 *음을 내고, 첼로는 무겁고 낮은 음을 낸답니다.

* **반면**: 앞의 사실과는 반대로.
* **배**: 같은 수나 양을 여러 번 더한 만큼.
* **음**: 귀로 느낄 수 있는 소리.

4 바이올린과 첼로의 공통점을 <u>두 개</u> 고르세요. (　　,　　)

① 금속으로 만들었다.　　　② 가볍고 높은 음을 낸다.
③ 몸통에 네 개의 줄이 있다.　　④ 바닥에 세워서 연주한다.
⑤ 활로 줄을 문질러 소리를 낸다.

5 ㉠에 들어갈 알맞은 낱말에 ○표 하세요.

종류　　　　크기　　　　가격　　　　색깔

1 다음 뜻에 알맞은 낱말을 보기 에서 찾아 길을 따라가 빈칸에 쓰세요.

보기   대표적   관악기   타악기   웅장하다

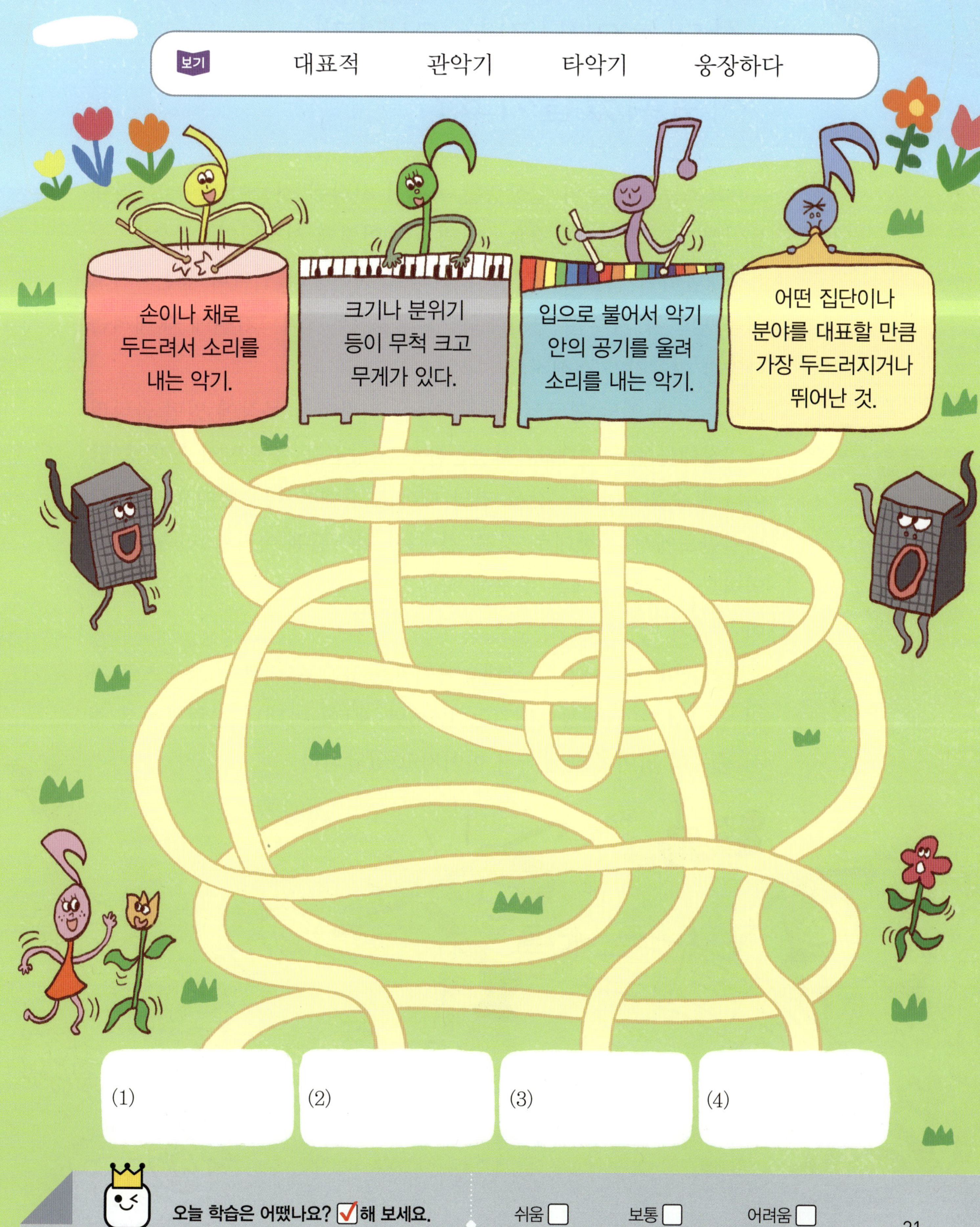

오늘 학습은 어땠나요? ☑해 보세요.   쉬움 ☐   보통 ☐   어려움 ☐

설명문 글을 쓴 까닭 알기

장대높이뛰기는 어떻게 시작되었을까요?

스포츠는 사람들의 일상생활 속에서 시작된 것들이 많아요. 장대높이뛰기도 그중 하나지요. 이 경기는 어떻게 시작되었을까요?

장대높이뛰기는 기다란 장대를 짚고 뛰어올라 얼마나 높은 *가로대를 넘는지 겨루는 경기예요. 장대높이뛰기의 *기원에 대해서는 다양한 이야기가 전해져요.

아주 오랜 옛날 영국의 *양치기들은 지팡이로 목장에 있던 울타리나 *장애물을 넘었대요. 사냥꾼들도 사냥감을 쫓으면서 장대로 담이나 풀숲을 넘었고, 강을 건널 때에도 장대를 이용했어요. 실제로 네덜란드에서는 장대로 강을 건너는 '피어젬펜'이라는 민속놀이가 있어요. 네덜란드에는 곳곳에 작은 강이 흘러 장대로 강을 건널 일이 많았기 때문이에요.

민속놀이처럼 즐기던 장대높이뛰기는 1800년대부터 스포츠로 자리 잡았어요. 장대높이뛰기는 1896년 제1회 아테네 올림픽에서 정식 종목이 되어 오늘날까지 이어지고 있답니다.

> **어떻게 읽을까?**
> 글쓴이가 장대높이뛰기에 대한 글을 쓴 까닭을 짐작하며 읽어 봐.

* **가로대**: 가로질러 놓인 막대기.
* **기원**: 사물이 처음으로 생김.
* **양치기**: 양을 돌보고 기르는 일을 하는 사람.
* **장애물**: 가로막아서 어떤 일을 하는 데 거슬리거나 방해가 되는 사물.

내용 이해

1 이 글의 중심 낱말은 무엇인가요? (　　　)

① 영국　　　　　② 스포츠　　　　　③ 네덜란드
④ 민속놀이　　　⑤ 장대높이뛰기

내용 이해

2 이 글의 내용으로 알맞으면 ○표, 알맞지 <u>않으면</u> ×표 하세요.

(1) 네덜란드에는 '피어젬펜'이라는 민속놀이가 있다.　　　　　(　　　)
(2) 옛날 영국의 양치기들은 지팡이로 울타리를 넘었다.　　　　(　　　)
(3) 오늘날 올림픽에서는 장대높이뛰기 경기를 하지 않는다.　(　　　)

추론하기

3 글쓴이가 이 글을 쓴 까닭은 무엇인가요? (　　　)

① 네덜란드의 민속놀이를 소개하려고
② 양치기의 일과 그 특징을 알려 주려고
③ 강이 많은 네덜란드의 특징을 알려 주려고
④ 올림픽이 어떻게 시작되었는지 알려 주려고
⑤ 일상생활 속에서 시작된 장대높이뛰기에 대해 알려 주려고

비판하기

4 이 글에서 새롭게 알게 된 점을 알맞게 말하지 <u>못한</u> 친구에게 ○표 하세요.

[5~6] 다음을 읽고 물음에 답하세요.

> 장대 하나로 강을 건널 수 있을까요? 네덜란드에서는 해마다 장대로 강물을 건너는 신기한 대회가 열리고 있어요. 바로 장대로 강을 건너뛰어 가장 먼 곳에 내려서는 사람이 이기는 피어젭펜 대회예요.
>
> 그런데 올해 이 대회에 우리나라 청년이 참가해서 *화제가 되었어요. 청년은 아쉽게도 강을 건너지 못하고 중간에 빠지고 말았는데요, 성공 *여부와 상관없이 먼 나라에서 이 대회에 *도전했다는 것만으로도 사람들에게 큰 박수를 받았답니다.

* **화제**: 이야기할 만한 것.
* **여부**: 그러함과 그러하지 않음.
* **도전했다는**: 목표한 것을 얻기 위해 어려움에 맞섰다는.

5 글쓴이가 이 글을 쓴 까닭으로 알맞은 것의 기호를 쓰세요.

> ㉮ 강에 빠지면 어떻게 되는지 알리려고
> ㉯ 피어젭펜 대회와 장대높이뛰기의 관계를 알리려고
> ㉰ 네덜란드에서 열리는 신기한 피어젭펜 대회를 소개하려고

(　　　　　　　　)

6 이 글에 들어갈 그림으로 알맞은 것에 ○표 하세요.

(1) (　　　　　)

(2) (　　　　　)

1 그림 속 직업을 나타내는 낱말을 보기 에서 찾아 빈칸에 쓰세요.

> 보기　　문지기　　양치기　　나무꾼　　사냥꾼　　대장장이

(1)

(2)

(3)

2 빈칸에 들어갈 알맞은 글자에 색칠하세요.

(1) 할아버지는 다리가 불편하셔서 지팡이를 □고 다니신다.

집　　　　　　짚

(2) 나는 바닥에 떨어진 쓰레기를 □어서 휴지통에 버렸다.

집　　　　　　짚

(3) 시연이는 어제 학교 앞에서 난 교통사고로 목발을 □고 왔다.

집　　　　　　짚

오늘 학습은 어땠나요? ✔해 보세요.　　쉬움☐　　보통☐　　어려움☐

동시 **시에서 소리나 모양 떠올리기**

썰매

이원수

연못에 꽁꽁, 얼음 얼어서
썰매 타기 좋구나, 재미있구나.

바람 속을 달려가면 *씽 씽 씽
얼음이면 어디라도 씽 씽 씽.

연못에 고기들아 *얼음장 밑에
㉠추워서 *웅크리고 잠이 들었나.

우리는 썰매 탄다 씽 씽 씽
우리는 재미난다 씽 씽 씽.

어떻게 읽을까?
말하는 이가 무엇을 하는지 살펴보고 소리나 모양을 흉내 내는 말에 주의해서 읽어 봐.

* **씽**: 사람이나 물건이 바람을 일으킬 만큼 매우 빠르게 움직일 때 나는 소리나 모양.
* **얼음장**: 꽤 넓은 얼음 조각.
* **웅크리고**: 몸을 구부려 작게 하고.

1 이 시에서 말하는 이가 썰매를 타는 곳은 어디인가요? (   )

① 교실   ② 연못   ③ 운동장
④ 친구 집   ⑤ 스케이트장

2 이 시에 대한 설명으로 알맞지 <u>않은</u> 것은 무엇인가요? (   )

① 썰매 탄 일을 쓴 시이다.
② 이 시의 글감은 썰매이다.
③ 시에 나타난 계절은 겨울이다.
④ 이 시에서 말하는 이는 물고기이다.
⑤ 이 시에는 썰매를 타는 즐거움이 나타나 있다.

3 이 시에서 다음 뜻에 해당하는 낱말을 찾아 쓰세요.

> 사람이나 물건이 바람을 일으킬 만큼 매우 빠르게 움직일 때 나는 소리나 모양.

(   )

4 이 시를 읽고 떠올린 장면으로 알맞은 것에 ○표 하세요.

(1) (   )   (2) (   )   (3) (   )

5 다음 부분에 흉내 내는 말을 넣어 고쳐 쓰려고 해요. 빈칸에 들어갈 알맞은 낱말은 무엇인가요? (   )

> 연못 속에 고기들아 얼음장 밑에
> 추워서 [   ] 웅크리고 잠이 들었나.

① 오들오들　　　② 와글와글　　　③ 폴짝폴짝
④ 듬성듬성　　　⑤ 바삭바삭

6 ㉠과 반대되는 뜻의 낱말에 ○표 하세요.

> 차다　　　　울다　　　　덥다　　　　새다

7 말하는 이와 비슷한 경험을 말한 친구에게 ○표 하세요.

1 밑줄 친 낱말이 알맞으면 ○표, 알맞지 <u>않으면</u> ✕표를 따라 길을 찾으세요.

오늘 학습은 어땠나요? ☑해 보세요.　　쉬움 ☐　　보통 ☐　　어려움 ☐

사람들의 생활을 그린 풍속화

우리나라의 전통 그림은 무엇을 그렸는지에 따라 인물화, 산수화, 풍속화로 나눌 수 있어요. 사람의 모습을 그리면 인물화, *경치를 그리면 산수화라고 부르지요. 풍속화는 일반 *백성들의 다양한 생활 모습을 그린 그림이에요.

김홍도가 그린 「씨름」은 한 씨름꾼이 상대편을 번쩍 들어 올리는 순간을 그린 풍속화예요. 빙 둘러앉은 구경꾼들 중에는 경기가 재미있는지 입을 벌리고 헤벌쭉 웃는 사람도 보여요. 이런 장면은 *단옷날이면 흔히 볼 수 있는 풍경이었어요. 이 그림을 보면 당시 사람들이 씨름을 즐겼고 오늘날과 다르게 옷을 입고 *버선까지 신은 채 씨름을 했다는 사실을 알 수 있지요.

어떻게 읽을까?

풍속화에 담긴 옛날 사람들의 생활은 어땠을지 상상하며 읽어 봐.

▲ 김홍도, 「씨름」

김홍도의 또 다른 풍속화 「서당」에서는 회초리를 맞았는지 훈장님 앞에서 훌쩍훌쩍 우는 아이가 가장 먼저 눈에 들어오지요. 이것을 보고 슬쩍 답을 알려 주는 아이, 웃는 아이, 안타까워하는 훈장님의 모습이 *익살스럽게 그려져 있어요. 김홍도가 그린 그림 속의 서당은 오늘날의 초등학교 같은 곳이었어요. 이 그림을 통해 선생님께 배우고 공부하는 모습은 옛날이나 지금이나 비슷하다는 사실을 알 수 있답니다.

▲ 김홍도, 「서당」

* **경치**: 산이나 들, 강, 바다 등 눈앞에 펼쳐진 자연의 모습이나 풍경.
* **백성**: 옛날에 '국민'을 이르던 말.
* **단옷날**: 음력 5월 5일로, 우리나라 명절의 하나. 여자는 창포물에 머리를 감고 남자는 씨름을 함.
* **버선**: 천으로 발 모양과 비슷하게 만들어 발에 신는 물건.
* **익살스럽게**: 재치 있는 말이나 몸짓으로 남을 웃기는 데가 있게.

내용 이해

1 다음은 우리나라의 전통 그림을 정리한 것이에요. (   ) 안에 들어갈 알맞은 낱말을 쓰세요.

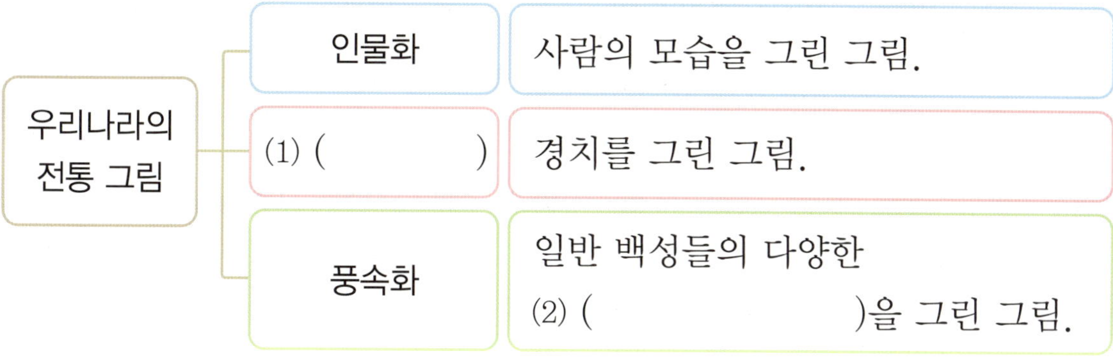

우리나라의 전통 그림	인물화	사람의 모습을 그린 그림.
	(1) ( )	경치를 그린 그림.
	풍속화	일반 백성들의 다양한 (2) ( )을 그린 그림.

내용 이해

2 이 그림에서 알 수 있는 사실을 <u>두 개</u> 고르세요. (,   )

▲ 김홍도, 「씨름」

① 당시 사람들은 씨름 경기를 즐겼다.
② 씨름 경기는 매일 장터에서 열렸다.
③ 응원하는 선수가 이기면 상금을 받았다.
④ 옷을 입고 버선을 신은 채로 씨름을 했다.
⑤ 그림 속에는 화가인 김홍도가 그려져 있다.

비판하기

3 이 글을 읽고 새롭게 알게 된 점을 알맞게 말한 친구에게 ○표 하세요.

(1) 풍속화가 생활 모습을 보여 준다는 것을 알게 되었어.

(2) 서당이 오늘날의 도서관과 같은 곳이었다는 것을 알게 되었어.

[4~5] 다음을 읽고 물음에 답하세요.

> 민화는 일반 백성들이 즐겼던 그림이에요. 조선 후기에 많이 그려졌는데, 백성들의 일상생활과 관련된 그림이 많았어요. 백성들은 꽃과 새, 소나무와 호랑이 등을 그린 그림으로 집 안을 꾸몄지요.
>
> 예쁜 꽃과 새를 그린 그림은 집안이 *화목하기를 바라는 마음을 담아 그린 거예요. 소나무를 그린 그림은 소나무처럼 오래 살기를 바라는 마음을 담았지요. 또, 나쁜 기운이 들어오는 것을 막으려고 호랑이를 그린 그림을 집 안 곳곳에 붙이기도 했어요.
>
> 민화는 화가의 그림에 비해 뛰어나지는 않지만 *개성이 살아 있는 그림으로 오늘날 그 *가치를 인정받고 있어요.

＊ **화목하기를**: 서로 뜻이 맞고 정답기를.
＊ **개성**: 다른 것과 구별되는 고유의 특성.
＊ **가치**: 사물이 지니고 있는 쓸모.

내용 이해

4 이 글의 내용으로 알맞으면 ○표, 알맞지 <u>않으면</u> ✕표 하세요.

(1) 민화는 일반 백성들이 즐겼던 그림이다.　　　　　　(　　)

(2) 민화는 오늘날 그 가치를 인정받지 못하고 있다.　　(　　)

(3) 백성들은 꽃과 새 그림으로 집안이 화목하기를 바랐다.　(　　)

비판하기

5 이 글을 읽고 새롭게 알게 된 점을 알맞게 말한 친구에게 ○표 하세요.

(1) 옛날에는 민화를 그려서 집 안을 꾸몄다는 것을 처음 알았어.

(2) 호랑이를 그린 그림에는 오래 살기를 바라는 마음이 담겨 있다는 것을 알게 되었어.

1 낱말 뜻에 알맞은 낱말을 글자판에서 찾아 줄로 묶으세요. (가로, 세로, 대각선에 있어요.)

경	대	화	단
치	목	수	옷
해	천	채	날
버	선	진	구

(1) 서로 뜻이 맞고 정답다.
예 우리 집은 늘 ○○하다.

(2) 음력 5월 5일로, 우리나라 명절의 하나.
예 ○○○에는 씨름 경기가 열렸다.

(3) 천으로 발 모양과 비슷하게 만들어 발에 신는 물건.
예 옛날 사람들은 ○○을 신은 채로 씨름을 했다.

(4) 산이나 들, 강, 바다 등 눈앞에 펼쳐진 자연의 모습이나 풍경. 예 ○○가 빼어나다.

2 보기 를 보고 빈칸에 알맞은 낱말에 ○표 하세요.

> 보기
> • 바래다: 햇볕이나 습기를 받아 색이 변하다.
> • 바라다: 생각이나 바람대로 어떤 일이 이루어지거나 그렇게 되었으면 하고 생각하다.

나는 올해 가족들과 여행을 갈 수 있기를 [   ].

(1) (바라 / 바래)

오랫동안 입지 않아서 티셔츠의 색이 [   ] 뭐야.

(2) (바랐지 / 바랬지)

인디언 드럼을 울려라!

*인디언들은 태양신을 *숭배했어요. 태양신도 인디언을 자식처럼 아꼈지요. 어느 날, 태양신에게 한 가지 *걱정거리가 생겼어요.

"참 이상하군. 인디언들이 왜 행복해 보이지 않지?"

"마음을 표현하고 즐기는 법을 몰라서 그래요. 제가 그 방법을 찾아볼게요."

태양신이 인디언들을 걱정하자 늑대가 나섰어요. 늑대는 마을에 내려가서 한 청년이 모아 둔 동물 가죽을 모두 훔쳤어요. 청년은 하는 수 없이 다시 사냥을 해서 동물 가죽을 말려야 했지요.

㉠"아이코, 이게 왜 이렇게 안 떨어지지?"

청년은 오래된 나무 *그루터기에 널어 둔 가죽이 떨어지지 않자 화가 났어요. 속상했던 청년은 막대를 하나 집어 들고 가죽을 마구 내리쳤어요. 그러자 갑자기 심장을 울리는 소리가 들려왔어요.

이 모습을 본 사람들은 너도나도 가죽을 내리치며 자신의 *감정을 표현했어요. 그러고는 둥둥 울리는 소리에 춤을 추었답니다.

이렇게 인디언 드럼이 만들어졌고, 인디언 드럼을 갖게 된 인디언들은 행복해졌다고 해요.

* **인디언**: 아메리카 대륙의 원주민을 통틀어 이르는 말.
* **숭배했어요**: 우러러 공손히 받들었어요.
* **걱정거리**: 걱정이 되는 일.
* **그루터기**: 나무나 풀 등의 줄기를 베고 남은 아래 부분.
* **감정**: 기쁨, 슬픔, 두려움, 노여움처럼 어떤 일을 겪을 때 드는 느낌.

1 이 글에 등장하는 <u>두 인물</u>을 고르세요. (,   )

① 산양   ② 청년   ③ 선녀   ④ 하느님   ⑤ 태양신

2 이 글의 내용으로 알맞으면 ○표, 알맞지 <u>않으면</u> ✕표 하세요.

⑴ 태양신은 인디언을 자식처럼 아꼈다.   (   )

⑵ 청년은 가죽을 내리치면서 심장을 울리는 소리를 들었다. (   )

⑶ 가죽을 훔친 늑대를 잡고 나서 인디언 드럼이 만들어졌다. (   )

⑷ 태양신에게 걱정거리가 생기자 청년이 해결하려고 나섰다. (   )

3 이 글에서 일어난 일의 차례에 맞게 숫자를 쓰세요.

⑴ 사람들이 다 함께 가죽을 내리치며 춤을 추었다.

⑵ 태양신은 행복해 보이지 않는 인디언을 걱정했다.

⑶ 늑대는 마을에서 한 청년이 모아 둔 동물 가죽을 훔쳤다.

⑷ 동물 가죽을 말리던 청년은 화가 나 막대기로 가죽을 내리쳤다.

4 청년이 막대기를 들고 가죽을 마구 내리친 까닭은 무엇인가요? (   )

① 인디언 드럼을 만들고 싶어서

② 늑대가 모아 둔 가죽을 훔쳐 가서

③ 널어 둔 가죽이 떨어지지 않아 화가 나서

④ 태양신이 청년에게 가죽을 내리치라고 말해서

⑤ 사람들에게 화가 났다는 사실을 알리고 싶어서

5 ㉠에 어울리는 표정이나 몸짓, 말투로 알맞은 것에 ○표 하세요.

화난 표정과 짜증 섞인 말투로	기쁜 표정과 빠르고 높은 말투로	미안해하는 표정으로 두 손을 모으고
(1) ( )	(2) ( )	(3) ( )

6 이 글을 읽고 난 생각이나 느낌을 알맞게 말한 친구에게 ○표 하세요.

1 첫소리를 참고해 다음 뜻에 알맞은 낱말을 빈칸에 쓰세요.

(1)　ㄱ ㅈ ㄱ ㄹ
걱정이 되는 일.

(2)　ㅅ ㅂ ㅎ ㄷ
우러러 공손히 받들다.

(3)　ㄱ ㄹ ㅌ ㄱ
나무나 풀 등의
줄기를 베고 남은
아래 부분.

2 다음 문장에 알맞은 글자에 ○표 하세요.

(1)
　앞으로 시간 약속을 지키지 (안 / 않)는 친구는 (안 / 않)
만날 거야.

(2)
　인디언 청년은 나무 그루터기에 넣어 두었던 가죽이 떨어지지
(안 / 않)자 화가 났어요.

오늘 학습은 어땠나요? ☑해 보세요.　　쉬움 ☐　　보통 ☐　　어려움 ☐

안전하게 스케이트를 타려면

겨울에 얼음판 위를 스르르 미끄러지면서 스케이트를 타는 것은 즐거운 일이에요. 그런데 스케이트장에서 여러 사람이 함께 스케이트를 타다 보면 크고 작은 사고가 일어나 *부상을 입기 쉽지요. 스케이트를 안전하게 즐기려면 어떻게 해야 할까요?

첫째, 몸에 맞는 *보호 장비와 알맞은 *복장을 갖춰요. 헬멧과 장갑으로 머리와 손을 보호해 주세요. 스케이트장의 낮은 온도에 대비해 두꺼운 양말을 신고 옷도 따뜻하게 입어야 하지요.

둘째, 스케이트를 탈 때에는 시계 반대 방향으로 타야 해요. 만약 이를 지키지 않으면 다른 사람과 부딪치는 사고가 나기 쉬워요.

셋째, 안전하게 넘어지는 법을 익혀 두세요. 넘어지면서 두 손을 짚으면 얼굴이나 가슴을 다칠 수 있어요. 넘어질 때에는 자세를 최대한 낮추어 엉덩이 쪽으로 넘어지는 것이 좋아요. 넘어진 다음에는 스케이트 날에 다칠 수 있으니 재빨리 일어나 옆으로 피해요.

스케이트는 *균형감과 *순발력을 길러 주는 좋은 운동이에요. 우리 모두 *안전 수칙을 잘 지켜서 재미있게 스케이트를 즐겨 봐요.

* **부상**: 몸에 상처를 입음.
* **보호 장비**: 우리 몸을 위험으로부터 보호해 주는 장치와 물건.
* **복장**: 옷을 차려 입은 모양.
* **균형감**: 어느 한쪽으로 기울거나 치우치지 않은 고른 감각.
* **순발력**: 갑자기 빠르게 내는 힘.
* **안전 수칙**: 사고가 나지 않도록 지켜야 할 내용을 정한 규칙.

내용 이해

1 글쓴이가 말한 스케이트 안전 수칙을 <u>두 개</u> 고르세요. (,   )

① 원하는 방향으로 스케이트를 탄다.

② 반드시 친구들과 스케이트장에 간다.

③ 시계 반대 방향으로 스케이트를 탄다.

④ 스케이트장에서 안전하게 먹는 법을 익힌다.

⑤ 몸에 맞는 보호 장비와 알맞은 복장을 갖춘다.

추론하기

2 스케이트를 타기에 알맞은 복장을 한 친구에게 ○표 하세요.

(1) (   )   (2) (   )   (3) (   )

추론하기

3 글쓴이가 이 글을 쓴 까닭에 대해 알맞게 말한 친구의 이름을 쓰세요.

채현: 스케이트를 타면 부상을 입기 쉬우니 되도록 타지 말라고 말
하려는 거야.

선율: 스케이트를 재미있게 즐기기 위해 안전 수칙을 지키자는 생각
을 나타내려는 거야.

(   )

[4~5] 다음을 읽고 물음에 답하세요.

> 방학 때만 되면 수영을 배우려고 실내 수영장을 찾는 어린이들이 많아요. 그런데 실내 수영장에서 지켜야 할 예절도 잘 알고 있나요?
>
> 먼저 수영복을 입기 전에 몸을 깨끗이 씻어야 해요. 왜냐하면 수영장은 여러 사람이 함께 이용하는 곳이기 때문이에요. 몸을 씻지 않는다면 다른 사람들에게 *불쾌감을 줄 수 있어요.
>
> 또, *레인 안에서는 오른쪽으로 헤엄쳐야 해요. 잠시 서 있을 때에도 레인의 오른쪽 가장자리에 붙어서 뒷사람이 지나가기를 기다려요.
>
> 우리 모두 실내 수영장 예절을 잘 지켜서 안전하고 즐거운 시간을 보냈으면 좋겠어요.

＊ **불쾌감**: 못마땅하여 기분이 좋지 않은 느낌.
＊ **레인**: 수영 경기에서 각각의 선수가 나아가는 길.

4 다음은 글쓴이의 생각을 간추린 것이에요. 빈칸에 알맞은 낱말을 쓰세요.

> 실내 수영장에서는 먼저 수영복을 입기 전에 ☐ 을 깨끗이 씻고, 레인 안에서는 ☐☐☐ 으로 헤엄쳐야 한다.

5 이 글에 대해 알맞게 말한 친구에게 ○표 하세요.

1 다음 뜻을 읽고, 알맞은 낱말을 찾아 정해진 색을 칠해 보세요.

(1) 몸에 상처를 입음. — **분홍**

(2) 갑자기 빠르게 내는 힘. — **파랑**

(3) 못마땅하여 기분이 좋지 않은 느낌. — **주황**

(4) 사고가 나지 않도록 지켜야 할 내용을 정한 규칙. — **초록**

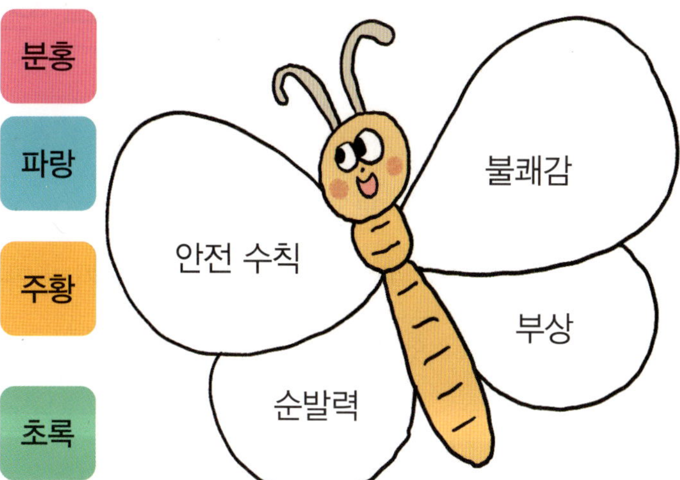

2 밑줄 친 낱말에 알맞은 뜻을 선으로 이으세요.

(1) 

㉮ 바닥이 미끄러운 곳에서 기구를 이용해 미끄러지다.

(2) 스케이트를 타다.

㉯ 많은 분량의 액체에 적은 분량의 액체나 가루를 넣어 섞다.

(3) 

㉰ 뜨거운 열을 받아 검은색으로 변할 정도로 지나치게 익다.

오늘 학습은 어땠나요? ✓해 보세요.　　쉬움 ☐　　보통 ☐　　어려움 ☐

12 12회

설명문 주요 내용 확인하기

기타와 닮은 악기, 류트

기타는 우리 주변에서 흔히 볼 수 있는 악기예요. 커다란 땅콩 같은 몸통에 있는 여섯 개의 줄을 뜯거나 쳐서 소리를 내지요.

오래전 유럽에서는 기타와 함께 사촌뻘인 '류트'라는 악기가 *유행했어요. 류트는 기타처럼 아라비아에서 생겨나 유럽에 전해진 악기예요. 지금은 연주하는 사람이 많이 없지만 당시에는 바흐나 하이든 같은 작곡가를 비롯해 많은 사람들의 사랑을 받았지요.

류트의 몸통은 *조롱박 모양으로, 앞쪽이 평평하고 뒤쪽은 불룩하게 튀어나와 있어요. 앞판에는 *정교하게 조각한 울림구멍까지 있어 기타와 ㉠비슷한 생김새를 가지고 있지요. 류트에는 보통 여섯 개의 줄이 있는데, 이 줄을 뜯거나 튕겨서 소리를 내는 것도 기타와 같지요. 그러나 류트가 내는 소리는 기타에 비해 울림이 작고 부드러우며 *예스럽게 들려요.

류트가 가진 또 다른 특징은 줄을 감는 줄감개가 뒤로 꺾여 있다는 거예요. 현악기는 대부분 줄감개가 똑바로 뻗어 있는데, 류트는 뒤로 꺾여 있어서 *특이하지요.

어떻게 읽을까?

글쓴이가 설명하는 류트의 특징이 무엇인지 살피면서 읽어 봐.

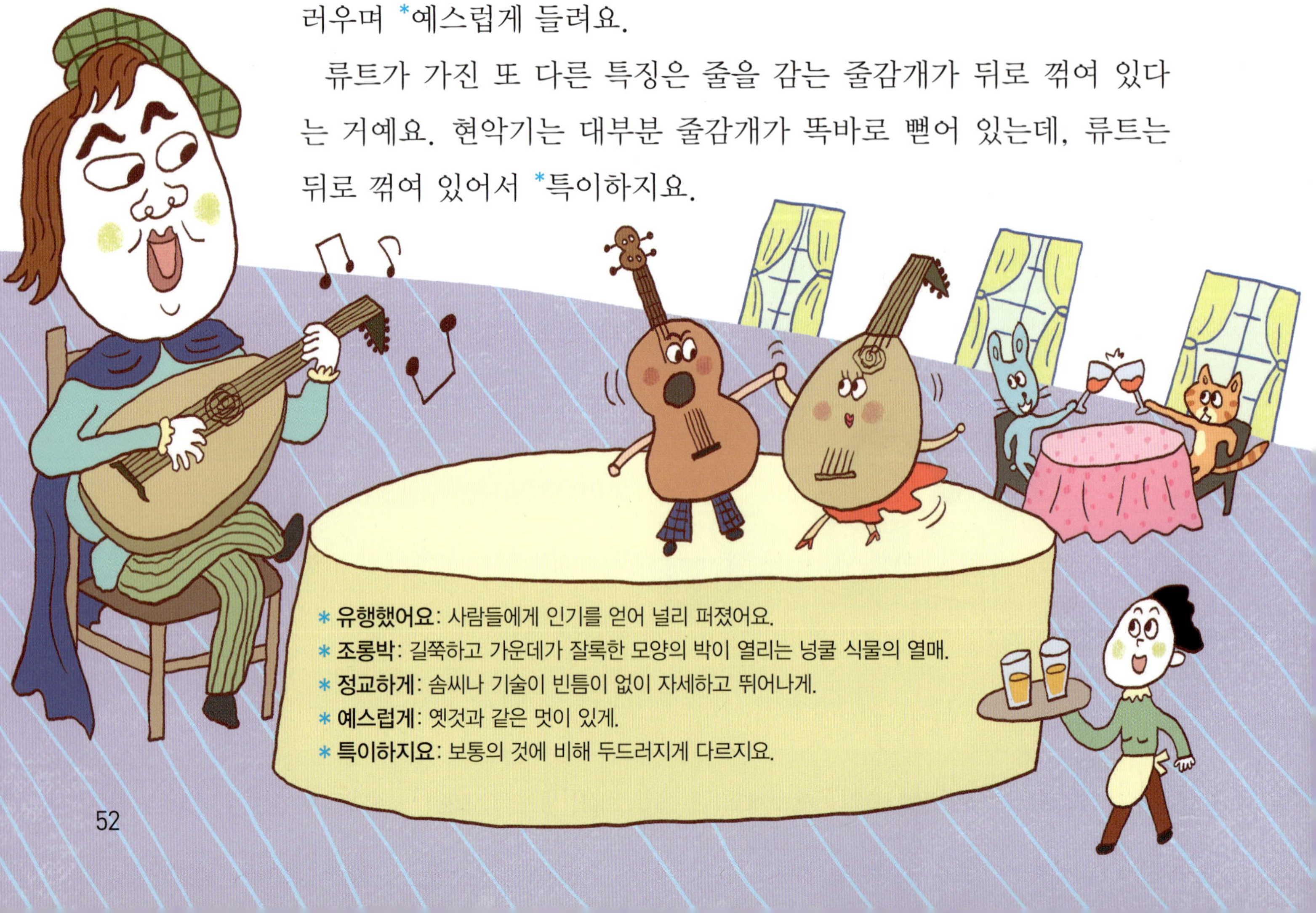

* **유행했어요**: 사람들에게 인기를 얻어 널리 퍼졌어요.
* **조롱박**: 길쭉하고 가운데가 잘록한 모양의 박이 열리는 넝쿨 식물의 열매.
* **정교하게**: 솜씨나 기술이 빈틈이 없이 자세하고 뛰어나게.
* **예스럽게**: 옛것과 같은 멋이 있게.
* **특이하지요**: 보통의 것에 비해 두드러지게 다르지요.

내용 이해

1 류트에 대한 설명으로 알맞으면 ○표, 알맞지 <u>않으면</u> ×표 하세요.

(1) 기타와 함께 유럽에서 유행했다.   (   )

(2) 우리 주변에서 흔히 볼 수 있는 악기이다.   (   )

(3) 바흐나 하이든 같은 유명한 작곡가들의 사랑을 받았다.   (   )

내용 이해

2 류트가 기타와 다른 점을 <u>두 개</u> 고르세요. (,   )

① 줄감개가 뒤로 꺾여 있다.

② 평평한 앞판에 울림구멍이 있다.

③ 줄을 뜯거나 튕겨서 소리를 낸다.

④ 울림이 작고 부드러우며 예스럽다.

⑤ 아라비아에서 생겨나 유럽에 전해졌다.

어휘 알기

3 ㉠과 바꾸어 쓸 수 있는 낱말은 무엇인가요? (   )

① 다른   ② 닮은   ③ 좋은   ④ 다양한   ⑤ 필요한

추론하기

4 이 글을 읽고 류트를 그린 그림에 ○표 하세요.

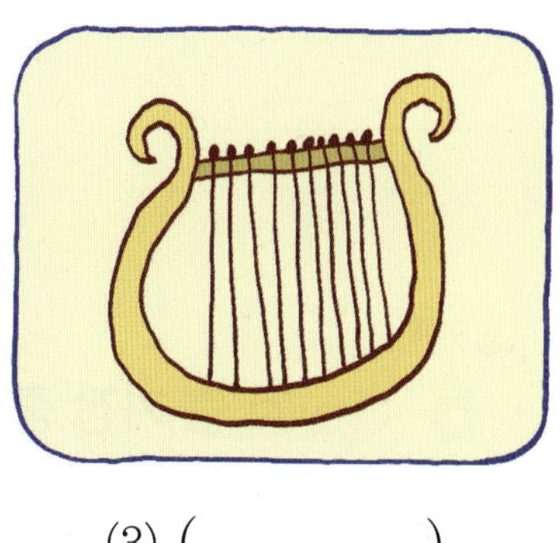

(1) (   )   (2) (   )   (3) (   )

[5~6] 다음을 읽고 물음에 답하세요.

향비파 설명서

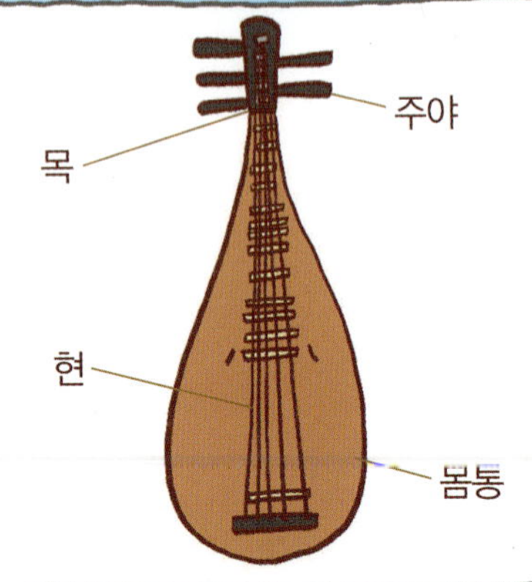

㉠향비파는 우리나라의 궁궐에서 썼던 대표적인 현악기예요. ㉡중국의 서쪽 지역에서 생겨난 악기가 우리나라에 전해지면서 향비파가 만들어졌어요. ㉢그리고 조선 시대까지 궁궐 안에서 연주할 때 많이 쓰였어요.

- *재료: 몸통의 앞부분은 *오동나무로, 뒷부분은 밤나무로 만들어졌어요.
- 연주하는 방법: 왼손으로 몸통에 있는 줄을 짚고 오른손에 *술대를 잡거나 손가락으로 다섯 개의 줄을 쳐서 소리를 내요.

＊ 재료: 물건을 만드는 데 쓰이는 것.
＊ 오동나무: 잎이 아주 크고 둥근, 가구나 악기를 만드는 데에 주로 쓰이는 나무.
＊ 술대: 거문고나 향비파를 타는 데 쓰는, 단단한 대나무로 만든 채.

내용 이해

5 향비파에 대한 내용으로 알맞지 <u>않은</u> 것에 ○표 하세요.

(1) 향비파는 거리에서 연주되었다. (   )

(2) 향비파를 연주할 때에는 술대를 썼다. (   )

(3) 향비파는 다른 나라의 악기가 우리나라에 전해지면서 만들어졌다.

(   )

내용 이해

6 ㉠~㉢ 중 가장 중요한 내용을 담은 문장을 찾아 기호를 쓰세요.

(   )

☆ 어휘력 팡팡

1 골든벨 문제를 잘 읽고 알맞으면 ○표, 알맞지 않으면 ✕표 팻말에 색칠하세요.
문제를 모두 맞히면 (   ) 안에 자신의 이름을 쓰세요.

ON AIR

1단계
(1) 물건을 만드는 데 쓰이는 것을 뜻하는 낱말은 '오동나무'예요.　○　✕

2단계
(2) '술대'는 거문고나 향비파를 탈 때 쓰는, 단단한 대나무로 만든 채예요.　○　✕

3단계
(3) 사람들에게 인기를 얻어 널리 퍼지다라는 뜻의 낱말은 '유행하다'예요.　○　✕

4단계
(4) '정교하다'는 솜씨나 기술이 빈틈이 없이 자세하고 뛰어나다라는 뜻이에요.　○　✕

5단계
(5) 길쭉하고 가운데가 잘록한 모양의 박이 열리는 넝쿨 식물의 열매는 '포도'예요.　○　✕

우승자는 (　　　　　　)입니다.

오늘 학습은 어땠나요? ✓해 보세요.　　쉬움 ☐　　보통 ☐　　어려움 ☐

55

줄넘기 영웅

"오늘 체육 시간에 2반이랑 줄넘기 *대결을 하기로 했단다. 우리 반 모두 선수가 되는 거야."

"어떤 방법으로 대결해요?"

달리기도 빠르고, 축구도 잘하는 영재가 선생님께 물었어요.

"이단 뛰기. *흔히 말하는 쌩쌩이로 하기로 했어."

㉠쌩쌩이라는 말에 아이들의 표정이 갑자기 어두워졌어요. 그건 나도 마찬가지였지요. 쌩쌩이는 어려운 기술이라 한 번 하기도 어려운 아이들이 많았거든요.

㉡   줄넘기 시합이 시작됐어요. 두 반의 대결은 22 대 25로 아주 *팽팽했어요. 마지막으로 내 차례가 되었어요. 나는 가슴이 콩닥콩닥 뛰었어요. 평소에 하던 대로 이단 뛰기를 3개 이상만 하면 이기기 때문이에요. 나는 긴 숨을 내쉬고 나서 빠르게 줄넘기를 돌리는 동시에 힘껏 뛰어올랐어요.

쌩, 쌩, 째앵 쌩!

줄넘기 소리와 함께 나는 쉬지 않고 뛰었어요.

㉢"와, 이겼다. 현우가 4개를 했어. 우리 반이 이겼다!"

그날 나는 처음으로 우리 반 아이들의 *영웅이 되었어요. *유난히 줄넘기가 잘되던 날이었지요.

어떻게 읽을까?

이야기에서 '나'에게 일어난 일의 차례를 정리하며 읽어 봐.

* **대결**: 둘이 서로 맞서서 우열이나 승패를 가림.
* **흔히**: 보통보다 더 자주.
* **팽팽했어요**: 둘의 힘이 서로 비슷했어요.
* **영웅**: 재주와 용기가 특별히 뛰어나 보통 사람이 하기 어려운 일을 하는 사람.
* **유난히**: 상태나 성격, 행동 등이 보통과 아주 다르게.

내용 이해

1 이 글의 내용으로 알맞지 <u>않은</u> 것은 무엇인가요? (   )

① '나'는 줄넘기 시합에서 마지막 순서였다.

② 우리 반이 2반과의 줄넘기 시합에서 이겼다.

③ '나'는 평소에 이단 뛰기를 1개도 하지 못했다.

④ 체육 시간에 2반과 우리 반이 줄넘기 시합을 했다.

⑤ 줄넘기 시합에서 2반과 우리 반은 서로 팽팽하게 맞섰다.

추론하기

2 제목을 보고 짐작한 내용을 알맞게 말한 것에 ○표 하세요.

줄넘기와 관련이 있는 이야기일 거야.	전쟁에서 이겨서 영웅이 탄생한 이야기일 거야.	달리기 시합에서 벌어졌던 일과 관련 있는 이야기일 거야.
(1) ( )	(2) ( )	(3) ( )

내용 이해

3 ㉠의 까닭으로 알맞은 것의 기호를 쓰세요.

> ㉮ 혼자만 이단 뛰기를 해야 해서
> ㉯ 체육 시간에 줄넘기를 잃어버려서
> ㉰ 이단 뛰기가 하기 어려운 기술이라서

(   )

4 ⓛ에 들어갈 알맞은 낱말은 무엇인가요? (   )

① 만약　　　　　② 주로　　　　　③ 도대체

④ 드디어　　　　⑤ 어느 날

5 이 글에서 일이 일어난 차례에 맞게 숫자를 쓰세요.

(1) '내'가 이단 뛰기를 4개 해서 우리 반이 이겼다. ☐

(2) 두 반의 줄넘기 대결은 22 대 25로 아주 팽팽했다. ☐

(3) 체육 시간에 2반과 우리 반이 줄넘기 대결을 하기로 했다. ☐

6 ⓒ을 실감 나게 읽을 때 어울리는 표정이나 몸짓, 말투로 알맞은 것에 ○표 하세요.

기쁜 표정과 크고 높은 목소리로	풀 죽은 표정과 낮고 힘없는 말투로	두 손을 꼭 잡은 채 간절한 목소리로
(1) ( )	(2) ( )	(3) ( )

1 다음 뜻에 알맞은 낱말을 선으로 이으세요.

(1) 둘의 힘이 서로 비슷하다.

(2) 둘이 서로 맞서서 우열이나 승패를 가림.

(3) 상태나 성격, 행동 등이 보통과 아주 다르다.

㉮ 유난하다　　㉯ 팽팽하다　　㉰ 대결

2 반대되는 뜻을 가진 낱말끼리 짝 지어 줄로 묶으세요.

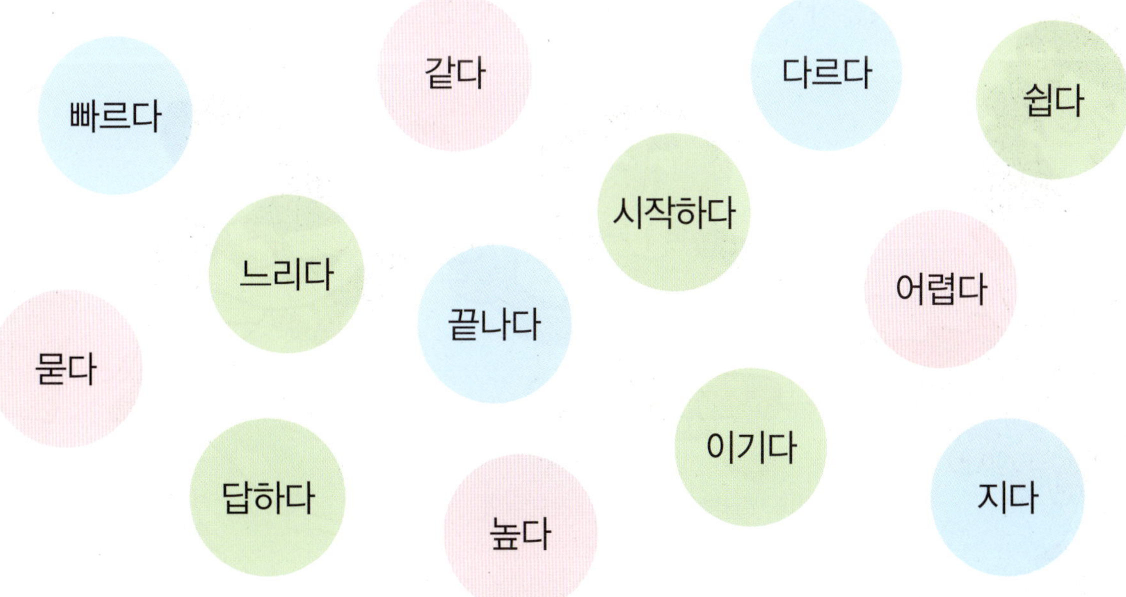

설명문 중심 문장 찾기

세계의 전통 춤

춤은 사람의 몸을 움직여 슬픔과 기쁨 같은 감정을 표현하고, 이야기를 담기도 하지요. 특히 세계의 *전통 춤에는 그 나라만의 특징을 알 수 있는 동작이나 음악, 옷이 담겨 있지요.

뉴질랜드에는 '하카'라는 전통 춤이 있어요. *원주민인 마오리족은 싸움을 앞두고 뭉쳐진 힘을 보여 주려고 하카를 추었어요. 하카는 눈을 크게 뜬 채 구호를 외치며 발을 구르고 혀를 내미는 춤이에요. 오늘날에는 행사나 즐거운 일이 있을 때에 하카를 추지요.

스페인에서는 '플라멩코'를 춰요. 플라멩코는 떠돌아다니던 *집시들이 자신들의 힘들고 슬픈 *처지를 표현한 민속춤이에요. 슬픈 감정을 오히려 화려하고 *정열적인 몸짓으로 나타냈어요.

미국 하와이의 전통 춤은 '훌라'예요. 훌라는 '춤추다'라는 뜻으로, 글자가 없던 옛날에 *조상들의 역사와 이야기를 전하기 위한 춤이었대요. ㉠ 북소리와 노래에 맞추어 다양한 손동작으로 나, 당신, 꽃, 사랑과 같은 낱말을 표현한답니다.

어떻게 읽을까?

세계의 전통 춤을 설명한 글에서 중요한 내용이 담긴 문장을 찾으며 읽어 봐.

* **전통**: 한 집단에 옛날부터 이어져 내려오는 것.
* **원주민**: 어떤 지역에 원래 살던 사람.
* **집시**: 유럽에서 무리 지어 떠돌아다니며 사는 민족.
* **처지**: 처하여 있는 형편이나 사정.
* **정열적인**: 마음속에서 뜨겁고 강하게 일어나는 적극적인 감정을 지닌.
* **조상**: 같은 겨레의 옛사람들.

1 나라 이름에 알맞은 전통 춤을 선으로 이으세요.

(1) 스페인 •

(2) 뉴질랜드 •

(3) 미국 하와이 •

• ㉮ 하카

• ㉯ 훌라

• ㉰ 플라멩코

2 다음에서 가장 중요한 내용을 담은 문장에 밑줄을 그으세요.

> 뉴질랜드에는 '하카'라는 전통 춤이 있어요. 원주민인 마오리족은 싸움을 앞두고 뭉쳐진 힘을 보여 주려고 하카를 추었어요. 하카는 눈을 크게 뜬 채 구호를 외치며 발을 구르고 혀를 내미는 춤이에요. 오늘날에는 행사나 즐거운 일이 있을 때에 하카를 추지요.

3 ㉠에 들어갈 알맞은 낱말에 ○표 하세요.

그러나　　　　그래서　　　　그렇지만

(1) (　　　)　　　(2) (　　　)　　　(3) (　　　)

[4~5] 다음을 읽고 물음에 답하세요.

* 한가윗날: 우리나라 명절의 하나. 음력 8월 15일인 추석.
* 아낙: 남의 집 여자 어른.
* 왜적: 옛날에 우리나라에 쳐들어온 일본 군대를 이르던 말.

내용 이해

4 이 광고의 내용으로 알맞으면 ○표, 알맞지 <u>않으면</u> ×표 하세요.

(1) 강강술래는 우리나라의 전통 춤이다.   (   )

(2) 세종 대왕은 왜적을 속이려고 강강술래를 추게 했다.   (   )

(3) 강강술래는 여자들이 빙글빙글 원을 그리며 도는 춤이다.   (   )

내용 이해

5 ㉠~㉤ 중 가장 중요한 내용을 담은 문장을 찾아 기호를 쓰세요.

(   )

1 빈칸에 들어갈 알맞은 낱말에 ○표 하세요.

(1) 

(전국적 / 정열적 / 기계적)

(2) 

(직업 / 조상 / 전통)

2 밑줄 친 낱말과 바꾸어 쓸 수 있는 낱말에 색칠하세요.

(1) 우리나라의 전통을 담은 <u>소중한</u> 춤을 다 함께 지켜 나가요!

> 귀중한   하찮은

(2) 집시들이 자신들의 힘들고 슬픈 <u>처지</u>를 표현한 민속춤이에요.

> 글자   형편

(3) 전통 춤에는 그 나라만의 특징을 알 수 있는 <u>동작</u>이나 음악, 옷이 담겨 있어요.

> 몸짓   표정

오늘 학습은 어땠나요? ☑해 보세요.   쉬움 ☐   보통 ☐   어려움 ☐

생활문 겪은 일의 차례 알기

신나는 뮤지컬

지난 토요일, 처음으로 뮤지컬을 보러 갔어요. 뮤지컬은 배우들이 노래하고 춤을 추면서 연기한다고 하니 기대가 됐어요.

오후 4시 30분, 우리 가족은 공연장에 도착했어요. 입구에는 *주인공 빨간 모자를 ㉠맡은 *배우의 사진이 크게 걸려 있었지요. 「빨간 모자」는 동화책으로 읽었지만 뮤지컬은 어떻게 다를지 궁금했어요.

오후 5시가 되자, 드디어 뮤지컬이 시작됐어요. 공연장에 불이 모두 꺼지고 갑자기 음악 소리가 크게 들려서 깜짝 놀랐어요.

뮤지컬은 책으로 읽는 것보다 *실감 나서 더 재미있었어요. *무대에 있는 나무에 여러 가지 *조명이 비치니까 진짜 숲속 같았지요. 각자의 역할에 맞춘 배우들의 노래와 춤도 정말 멋졌어요.

그런데 뮤지컬을 보다가 마음이 조마조마했던 장면이 꽤 있었어요. 특히 빨간 모자가 의심 없이 늑대에게 할머니 댁을 말해 줄 때에는 할머니가 걱정되었지요. 이 장면을 보면서 낯선 사람이 물으면 함부로 대답해서는 안 되겠다고 생각했답니다.

뮤지컬이 끝난 다음에는 배우들과 사진을 찍었어요. 무서운 늑대 역할을 한 배우도 친절하게 사진을 찍어 줘서 기분이 좋았지요. 다음에도 뮤지컬을 보러 갈 기회가 있다면 꼭 갈 거예요.

어떻게 읽을까?
'나'가 뮤지컬 공연을 보러 가서 겪은 일의 차례를 살피면서 읽어 봐.

* **주인공**: 연극, 영화, 소설 등에서 이야기의 중심이 되는 인물.
* **배우**: 영화나 연극, 드라마 등에 나오는 인물의 역할을 맡아서 연기하는 사람.
* **실감**: 실제로 겪고 있다는 느낌.
* **무대**: 연극, 무용, 음악 등을 공연하기 위해 객석 앞에 좀 높게 만든 넓은 자리.
* **조명**: 무대에 비추는 빛.

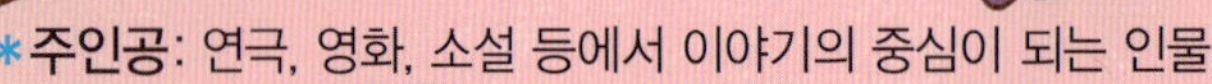

1 이 글의 내용으로 알맞으면 ○표, 알맞지 <u>않으면</u> ✕표 하세요.

(1) 글쓴이는 처음으로 뮤지컬 공연을 보았다.　　　　　（　　　）

(2) 글쓴이는 『빨간 모자』 동화책을 읽은 적이 없다.　　　（　　　）

(3) 글쓴이는 책보다 뮤지컬이 더 재미있다고 생각했다.　　（　　　）

2 ㉠의 뜻으로 알맞은 것의 기호를 쓰세요.

> ㉮ 코로 냄새를 느끼다.　　㉯ 어떤 일에 책임을 지고 담당하다.

（　　　　　　）

3 글쓴이가 겪은 일의 차례에 맞게 숫자를 쓰세요.

(1) （　　　　）　　　(2) （　　　　）　　　(3) （　　　　）

4 글쓴이와 비슷한 경험을 말한 친구의 이름을 쓰세요.

> 혜빈: 엄마, 아빠와 밤에 야구 경기를 보러 간 적이 있어.
>
> 지민: 동화책으로 읽은 「무지개 물고기」 콘서트를 봤는데 책보다 재미있었어.

（　　　　　　）

[5~6] 다음을 읽고 물음에 답하세요.

> 엄마가 책을 사신다고 하셔서 엄마, 동생과 *서점에 갔다. 서점에는 새로 나온 만화책 *포스터가 크게 걸려 있었다. 하지만 만화책은 비닐로 꽁꽁 싸여 있어서 읽을 수 없었다. 엄마께 만화책을 사 달라고 졸랐더니 그림책을 다섯 권 읽으면 사 주겠다고 하셨다.
>
> ㉠나는 얼른 집으로 돌아와서 그림책 다섯 권을 골라서 읽기 시작했다. 내 모습을 본 동생도 옆에서 함께 그림책을 읽었다. 우리가 열심히 책을 읽고 있는데, 엄마가 인터넷으로 만화책을 *주문해 주셨다. 읽고 싶던 만화책을 갖게 되어 기분이 좋았다.

＊ **서점**: 책을 파는 가게.
＊ **포스터**: 내용을 그림과 간단한 글로 나타내어 사람들의 눈에 많이 띄는 곳에 붙이는 광고물.
＊ **주문해**: 어떤 것을 보내 달라고 해.

5 글쓴이가 겪은 일의 차례에 맞게 기호를 쓰세요.

> ㉮ 엄마가 만화책을 주문해 주셨다.
> ㉯ 새로 나온 만화책 포스터를 보았다.
> ㉰ 동생과 함께 그림책 다섯 권을 읽었다.

(   ) ➡ (   ) ➡ (   )

6 글쓴이가 ㉠처럼 행동한 까닭을 알맞게 말한 친구에게 ○표 하세요.

☆ 어휘력 팡팡

1 낱말 뜻에 알맞은 글자를 빈칸에 쓰세요.

연극, 영화, 소설 등에서 이야기의 중심이 되는 인물.
(1) 주 □ 공

무대에 비추는 빛.
(2) □ 명

연극, 무용, 음악 등을 공연하기 위해 객석 앞에 좀 높게 만든 넓은 자리.
(3) 무 □

음악, 무용, 연극 등을 많은 사람들 앞에서 보이는 것.
(4) 공 □

영화나 연극 등에 나오는 인물의 역할을 맡아서 연기하는 사람.
(5) 배 □

오늘 학습은 어땠나요? ✓해 보세요.   쉬움 □   보통 □   어려움 □

공부하느라 수고했어요. 어떻게 공부했는지
스스로 돌아보며 ✓표 해 보세요.

	예	아니요
한 회씩 꾸준히 공부했나요?	☐	☐
스스로 공부했나요?	☐	☐
문제를 끝까지 다 풀었나요?	☐	☐
재미있게 공부했나요?	☐	☐
틀린 문제는 왜 틀렸는지 한 번 더 확인했나요?	☐	☐

★ 정답 및 풀이 ★

<table><tr><td>**1회**</td><td>9~11쪽</td></tr></table>

1 ① **2** 마치 **3** (1) 2 (2) 3 (3) 1 **4** (2) ○
5 ㉰ **6** (1) ○

☆ **어휘력 땅땅** **1** (1) 담장 (2) 정문 (3) 수문장
(4) 사신 **2** (1) 산봉우리 (2) 꽃봉오리

1 이 글에서 글쓴이는 일요일이었지만 일찍 일어났다고 했습니다. 따라서 ①은 겪은 일로 알맞지 않습니다.

2 ㉠ 앞뒤의 내용을 살펴보면 수문장이 로봇처럼 보였다는 뜻입니다. 따라서 ㉠에는 다른 것에 빗대어 표현하자면이라는 뜻의 '마치'가 알맞습니다.

3 글쓴이는 맨 처음 광화문을 지나 경복궁에 들어가서 근정전을 보았습니다. 근정전을 돌아본 후에는 경회루를 구경했습니다.

4 글쓴이가 ㉡처럼 생각한 까닭은 ㉡ 앞부분에 나타나 있습니다. 글쓴이는 경복궁에 큰 복을 누리라는 뜻이 담겨 있어 자신에게도 좋은 일이 있을 것 같다고 했습니다.

5 글쓴이는 '별빛야행' 행사가 열린다는 뉴스를 보고 가려고 했지만 관람 인원이 다 차서 예약을 하지 못했습니다.

6 ㉠은 글쓴이가 경복궁의 밤 행사를 예약하는 데 실패한 상황이므로, 다음에는 꼭 예약에 성공해서 갈 수 있기를 바란다는 내용이 알맞습니다.

☆ **어휘력 땅땅**

2 (1) '봉우리'는 산에서 뾰족하게 높이 솟은 부분으로, '산봉우리'가 바른 표현입니다.
(2) '봉오리'는 아직 피지 않은 꽃을 가리키므로, '꽃봉오리'가 바른 표현입니다.

<table><tr><td>**2회**</td><td>13~15쪽</td></tr></table>

1 크리스마스 **2** (1) ㉯ (2) ㉮ **3** ②, ④
4 (1) ○ **5** (1) × (2) ○ (3) ○ **6** (1) ○

☆ **어휘력 땅땅** **1** (1) 재주 (2) 부대 (3) 울상
(4) 판사

1 이 글의 첫 문장에 일이 일어난 때가 나타나 있습니다.

2 마리는 드로셀마이어 삼촌에게 호두까기 인형을 선물받았습니다. 그리고 프리츠는 나무로 만든 칼을 선물받았습니다.

3 ㉮는 프리츠가 마리가 받은 선물인 호두까기 인형을 마리의 허락 없이 함부로 다루어 망가뜨리는 장면입니다. 따라서 이 장면에서 프리츠에게 해 줄 말로 알맞은 것은 ②, ④입니다.

4 ㉠은 프리츠가 망가뜨린 호두까기 인형을 보고 울상이 된 마리가 한 말입니다. 이때 마리가 할 수 있는 말로 알맞은 것은 망가진 인형을 불쌍하게 여기는 마음이 드러난 (1)입니다.

5 이 글의 첫 문장에서 마리는 괘종시계 소리에 잠들었다가 깼다고 했습니다. 따라서 마리가 신기한 꿈을 꾸었다는 (1)의 내용은 알맞지 않습니다.

6 이 글에는 늦은 밤에 인형들이 사람처럼 커지고 호두까기 인형이 생쥐 부대와 맞서 싸운 일이 나타나 있습니다. 이 내용과 어울리는 그림은 (1)입니다.

☆ **어휘력 땅땅**

1 주어진 두 낱말을 살펴보고, 마녀가 묻는 질문에 알맞은 낱말을 찾아 색칠합니다.

1 이 글에서는 정월 대보름에 오곡밥과 여러 가지 나물 반찬을 해 먹고 넌날리기, 줄나리기, 쥐불놀이 같은 민속놀이를 한다고 했습니다. 그러나 ④의 내용은 나타나지 않았습니다.

2 글쓴이는 쥐불놀이가 해가 지면 하는 놀이라고 하였습니다.

3 쥐불놀이를 하는 방법은 (3) 깡통에 구멍 뚫기→(1) 깡통 속에 나뭇가지나 솔방울 넣기→(2) 불을 붙여서 돌리기→(4) 농사가 끝난 논밭에 불 놓기입니다.

4 부럼을 깨는 방법을 알려 주는 글에서 일의 차례를 나타내는 말은 첫째, 둘째, 셋째와 같은 말입니다.

5 부럼 깨기를 하려면 가장 먼저 대보름 전날 미리 부럼을 잘 씻어 준비합니다. 대보름날 아침에는 한 해 동안 건강하기를 빌며 부럼을 깨고 깬 부럼은 가족과 함께 나누어 먹습니다.

⭐ 어휘력 팡팡

2 (1) '상'과 반대되는 뜻을 가진 낱말은 잘못을 저지른 대가로 받는 고통을 뜻하는 '벌'입니다. (2) 모르는 것을 묻는 '질문'의 반대말은 '대답'입니다. (3) 이롭지 않고 해가 되는 점이 있다는 뜻의 '해롭다'와 반대되는 뜻의 낱말은 '이롭다'입니다.

1 글쓴이는 플래시를 터뜨려 사진을 찍으면 작품이 빛에 상할 수 있으니 사진을 찍지 말라고 했습니다. 또, 촬영을 하고 싶다면 사진을 찍을 수 있는 작품인지 확인해야 한다고 했습니다.

2 이 글에서는 미술관에서 예절을 지켜야 한다는 글쓴이의 생각에 대해 (1), (3)과 같은 까닭을 들고 있습니다. 그러나 (2)는 글에 나타나지 않은 내용입니다.

3 글쓴이가 말한 미술관에서 지켜야 할 예절은 첫째부터 넷째까지 나타나 있습니다. (2)는 미술관에 들어가기 전에 음료수를 다 먹고 왔으므로, 미술관 관람 예절에 알맞습니다. (1), (3)은 글쓴이가 하지 말라는 행동입니다.

4 이 글에서는 '그림이랑 놀자' 행사에 참여하면 헨젤과 그레텔의 과자 집에 놀러 와, 상상 속 친구 그리기, 내가 만드는 인형극 체험을 할 수 있다고 했습니다. '퍼즐 게임'은 이 글에 나타나지 않았습니다.

5 ㉠에 대한 까닭은 ㉠ 뒷부분에 나타나 있습니다. 첫 번째 친구는 동화 속 과자 집에 어떻게 놀러 갈 수 있는지 궁금해서 체험 프로그램에 참가하려고 합니다.

⭐ 어휘력 팡팡

1 그림과 낱말 뜻을 잘 보고 글자 카드에서 알맞은 글자를 찾아 낱말을 완성합니다.

5회   25~27쪽

1 이정아, 고흐 아저씨   **2** ④   **3** (2) ○

4 선우   **5** (1) ○ (2) × (3) ○   **6** ①

☆어휘력 팡팡 **1** (1) 자화상 (2) 위인전 (3) 평생

2 (1) 가끔 (2) 가까운

---

1 편지를 받을 사람은 글의 처음 부분에, 편지를 쓴 사람은 글의 마지막 부분에 드러나 있습니다.

2 편지의 형식은 '받을 사람 – 첫인사 – 전하고 싶은 말 – 끝인사 – 쓴 날짜 – 쓴 사람'으로 이루어집니다. ㉠은 편지를 마무리하는 마지막 부분이므로, 끝인사가 들어가야 합니다. ①~⑤ 중 끝인사로 알맞은 것은 ④입니다.

3 이 편지에는 고흐의 그림을 좋아하는 마음과 답장을 많이 받지 못한 고흐를 위로하는 마음이 드러나 있습니다.

4 편지를 쓸 때에는 편지의 형식을 지켜서 쓰는 것이 좋습니다. 편지는 만날 수 없는 사람이나 멀리 떨어져 있는 사람에게도 쓸 수 있습니다.

5 이 편지에는 (2)처럼 고흐와 테오가 함께 그림을 그린 일이 나타나지 않았습니다.

6 고흐는 동생 테오를 오랜만에 만나서 기쁜 마음을 전하려고 편지를 썼습니다.

☆어휘력 팡팡

2 (1) '자주'는 같은 일이 되풀이되는 간격이 짧게라는 뜻으로 이와 반대되는 뜻의 낱말은 '가끔'입니다. (2) '멀다'는 두 곳 사이의 떨어진 거리가 길다라는 뜻이므로 이와 반대되는 뜻의 낱말은 '가깝다'입니다.

6회   29~31쪽

1 (2) ○   **2** ⑤   **3** (순서대로) 연주, 줄, 입

4 ③, ⑤   **5** 크기

☆어휘력 팡팡 **1** (1) 타악기 (2) 웅장하다

(3) 관악기 (4) 대표적

---

1 이 글은 악기를 연주하는 방법에 따라 타악기, 현악기, 관악기로 나누어 각각에 대해 자세히 설명하고 있습니다. 따라서 이 글의 제목으로 알맞은 것은 (2) 악기의 종류입니다.

2 ①~④는 모두 두드리거나 때려서 소리를 내는 '타악기'에 해당합니다. 그러나 ⑤ 트럼펫은 입으로 불어서 소리를 내는 '관악기'입니다.

3 이 글에서 타악기, 현악기, 관악기로 악기를 나눈 것은 연주하는 방법에 따른 것입니다. 타악기는 두드리거나 때려서, 현악기는 줄을 이용해서, 관악기는 입으로 불어서 소리를 내는 특징이 있습니다.

4 이 글은 바이올린과 첼로의 공통점과 차이점에 대해 설명하고 있습니다. 바이올린과 첼로의 공통점은 몸통에 네 개의 줄이 있다는 것과 활로 줄을 문질러 소리를 내는 것, 몸통이 나무로 만들어진 것입니다.

5 ㉠ 뒷부분에서 바이올린과 첼로의 크기에 따른 연주 방법을 설명한 것으로 미루어 보면, ㉠에 들어갈 알맞은 낱말은 '크기'입니다.

☆어휘력 팡팡

1 길을 따라가서 주어진 뜻에 알맞은 낱말을 빈칸에 씁니다.

1 ⑤ **2** (1) ○ (2) ○ (3) ✕ **3** ⑤ **4** (1) ○
5 ㉣ **6** (1) ○

☆ 어휘력 팡팡 **1** (1) 양치기 (2) 대장장이
(3) 사냥꾼 **2** (1) 짚 (2) 집 (3) 짚

1 이 글의 제목과 설명하는 글의 내용에서 중심 낱말이 '장대높이뛰기'임을 짐작할 수 있습니다.

2 마지막 문단에서는 장대높이뛰기가 제1회 아테네 올림픽에서 정식 종목이 되어 오늘날까지 이르고 있다고 했습니다.

3 이 글의 처음 부분에 글쓴이가 이 글을 쓴 까닭이 드러나 있습니다. 글쓴이는 일상생활 속에서 시작된 장대높이뛰기에 대해 알려 주려고 이 글을 썼습니다.

4 이 글에서는 우리나라 사람들이 장대를 만든 내용이 나오지 않습니다. (2)는 이 글에서 알 수 있는 내용입니다.

5 글쓴이는 장대 하나로 강물을 건너는 신기한 대회인 피어젭펀 대회를 소개하려고 이 글을 썼습니다.

6 네덜란드에서 열리는 피어젭펀 대회를 소개하는 글이므로, 장대로 강을 건너는 (1)의 그림이 어울립니다.

☆ 어휘력 팡팡

2 (1) 할아버지가 지팡이에 기대어 다니신다는 뜻이므로, '짚다'가 알맞습니다. (2) 손으로 쓰레기를 잡아서 버렸다는 뜻이므로, '집다'가 알맞습니다. (3) 교통사고 때문에 목발에 의지해 왔다는 뜻이므로, '짚다'가 알맞습니다.

1 ② **2** ④ **3** 씽 **4** (1) ○ **5** ① **6** 덥다
7 (1) ○

☆ 어휘력 팡팡 **1** (1) ○ (2) ✕ (3) ✕ (4) ○

1 1연에서 썰매를 타는 곳이 연못임을 알 수 있습니다.

2 이 시에서 말하는 이는 물고기가 아니라 썰매를 타는 아이들입니다.

3 사람이나 물건이 바람을 일으킬 만큼 매우 빠르게 움직일 때 나는 소리나 모양을 뜻하는 낱말은 '씽'입니다.

4 이 시를 읽고 떠올릴 수 있는 장면은 얼음판에서 신나게 썰매를 타는 모습입니다.

5 말하는 이는 연못에 있는 물고기들이 추워서 얼음장 밑에 웅크리고 있다고 생각했습니다. 따라서 빈칸에는 춥거나 무서워서 몸을 계속해서 떠는 모양을 뜻하는 '오들오들'이 알맞습니다.

6 ㉠은 몸이 떨리고 움츠러들 만큼 찬 느낌이 있다는 뜻이므로, 이와 반대되는 뜻의 낱말은 '덥다'입니다.

7 이 시는 겨울 연못에서 썰매를 신나게 탄 경험을 담은 시입니다. 이와 비슷한 경험을 떠올린 친구는 아빠와 자전거를 신나게 탔던 일을 말한 (1)입니다.

☆ 어휘력 팡팡

1 (2) 김치찌개가 끓는 모습이므로, '보글보글'이 어울립니다. (3) 얼룩말이 치타를 피해 도망가는 상황이므로, '허둥지둥'이 알맞습니다.

9회 41~43쪽

1 (1) 산수화 (2) 생활 모습 **2** ①, ④ **3** (1) ○
4 (1) ○ (2) × (3) ○ **5** (1) ○

⭐ 어휘력 빵빵 **1** (1) 화목 (2) 단옷날 (3) 버선
(4) 경치 **2** (1) 바라 (2) 바랬지

1 우리나라의 전통 그림 중에서 산수화는 경치를 그린 그림이고, 풍속화는 일반 백성들의 생활 모습을 그린 그림입니다.

2 그림에서 씨름꾼들을 빙 둘러싼 구경꾼들이 많은 것으로 보아, ①의 사실을 알 수 있습니다. 또, 씨름하는 사람들이 옷을 입고 버선을 신은 채 씨름하는 모습에서 ④의 내용을 알 수 있습니다.

3 이 글에서 서당은 오늘날의 도서관이 아니라 초등학교와 같은 곳이었다고 했습니다.

4 글쓴이는 민화가 일반 백성들이 즐겼던 그림으로, 개성이 살아 있어 오늘날 그 가치를 인정받고 있다고 했습니다. 따라서 (2)는 이 글의 내용으로 알맞지 않습니다.

5 백성들이 집 안 곳곳에 호랑이 그림을 붙인 까닭은 집 안에 나쁜 기운이 들어오지 못하도록 막기 위해서였습니다. 오래 살기를 바라는 마음을 담은 그림은 소나무를 그린 그림입니다.

⭐ 어휘력 빵빵

2 (1) 그림 속 여자아이가 지도를 펴고 가족들과 여행 가는 일이 이루어지기를 바라고 있으므로, 빈칸에는 '바라다'가 알맞습니다. (2) 그림 속 남자아이가 옷 색깔의 붉은색이 희미해져서 놀라고 있으므로, 빈칸에는 '바래다'를 써야 합니다.

10회 45~47쪽

1 ②, ⑤ **2** (1) ○ (2) ○ (3) × (4) × **3** (1) 4
(2) 1 (3) 2 (4) 3 **4** ③ **5** (1) ○ **6** (2) ○

⭐ 어휘력 빵빵 **1** (1) 걱정거리 (2) 숭배하다
(3) 그루터기 **2** (1) 않, 안 (2) 않

1 이 글에 등장하는 인물은 태양신과 늑대, 청년, 사람들입니다.

2 (3) 인디언 드럼은 한 청년이 나무 그루터기에 말라붙은 가죽을 두드린 것에서 만들어졌습니다. (4) 태양신의 고민을 해결하려고 나선 것은 늑대입니다.

3 일이 일어난 차례는 (2) 태양신이 인디언을 걱정한 일→(3) 늑대가 한 청년의 가죽을 훔친 일→(4) 청년이 막대기로 가죽을 내리친 일→(1) 사람들이 다 함께 가죽을 내리치며 춤을 춘 일의 순입니다.

4 ㉠ 뒷부분에 청년이 가죽을 마구 내리친 까닭이 드러나 있습니다. 청년은 널어 둔 가죽이 떨어지지 않자 화가 나서 막대기를 집어 들고 마구 내리쳤습니다.

5 ㉠은 청년이 화가 나서 한 말이므로, '화난 표정과 짜증 섞인 말투'가 어울립니다.

6 이 글은 인디언 드럼이 처음 생겨나게 된 까닭을 알 수 있는 이야기이므로 (1), (3)의 내용은 알맞지 않습니다.

⭐ 어휘력 빵빵

2 '안'은 '아니', '않'은 '아니하'의 준말입니다.
(1) 시간 약속을 지키지 아니한다에는 '않'을, 아니 만난다에는 '안'을 써야 합니다.
(2) 떨어지지 아니했다라는 뜻이므로, '않'을 써야 합니다.

1 ③, ⑤ **2** (1) ○ **3** 선율 **4** 몸, 오른쪽
5 (2) ○

☆ 어휘력 팡팡 **1** (1) 부상(분홍) (2) 순발력(파랑) (3) 불쾌감(주황) (4) 안전 수칙(초록)
2 (1) ㉰ (2) ㉮ (3) ㉯

1 글쓴이가 말한 스케이트 안전 수칙은 보호 장비와 알맞은 복장을 하고, 시계 반대 방향으로 스케이트를 타야 한다는 것입니다. 그리고 안전하게 넘어지는 법을 익혀야 한다는 것입니다.

2 글쓴이가 말한 헬멧이나 장갑과 같은 보호 장비를 갖추고 낮은 온도에 대비해 따뜻한 옷을 입은 그림은 (1)입니다.

3 이 글은 스케이트를 안전하게 즐기기 위해 안전 수칙을 지키자고 말하는 글입니다.

4 글쓴이는 실내 수영장에서 지켜야 할 예절 두 가지를 들고 있습니다. 수영복을 입기 전 몸을 깨끗이 씻는 것과 레인 안에서 오른쪽으로 헤엄쳐야 한다는 것입니다.

5 글쓴이가 말한 몸을 씻어야 한다는 첫 번째 생각에는 까닭이 드러나 있습니다. 그러나 레인 안에서 오른쪽으로 헤엄쳐야 한다는 두 번째 생각에는 뒷받침하는 까닭이 나타나지 않았습니다.

☆ 어휘력 팡팡

2 '타다'는 소리는 같지만 여러 가지 뜻을 가진 낱말입니다. '타다'는 (1) 음식이 뜨거운 열로 지나치게 익다, (2) 기구를 이용해 미끄러지다, (3) 액체에 적은 양의 액체나 가루를 넣어 섞다의 뜻으로 쓰였습니다.

1 (1) ○ (2) × (3) ○ **2** ①, ④ **3** ② **4** (2) ○
5 (1) ○ **6** ㉠

☆ 어휘력 팡팡 **1** (1) × (2) ○ (3) ○ (4) ○
(5) ×

1 우리 주변에서 흔히 볼 수 있는 악기는 '기타'입니다. (1), (3)은 류트에 대한 내용으로 알맞습니다.

2 류트와 기타의 다른 점은 줄감개의 모양과 소리입니다. 류트의 줄감개는 뒤쪽으로 꺾여 있고, 류트가 내는 소리는 울림이 작고 부드러우며 예스럽다고 했습니다.

3 '비슷하다'와 바꾸어 쓸 수 있는 낱말은 사람이나 사물이 서로 비슷한 생김새나 성질을 지니다라는 뜻의 '닮다'입니다.

4 이 글의 3, 4문단에는 류트의 생김새가 드러나 있습니다. 류트는 앞쪽이 평평하고, 뒤쪽이 불룩하게 튀어나와 있습니다. 그 밖에 울림구멍과 여섯 개의 줄, 줄감개가 뒤로 꺾인 모양을 살려 알맞게 그린 그림은 (2)입니다.

5 이 글에서는 향비파가 우리나라의 궁궐에서 썼던 대표적인 현악기라고 했습니다. (2), (3)은 글의 내용으로 알맞습니다.

6 이 문단에서 향비파에 대해 가장 중요한 내용을 담은 문장은 ㉠입니다. ㉡과 ㉢은 ㉠을 설명하는 뒷받침 문장입니다.

☆ 어휘력 팡팡

1 (1) 1단계에서 설명한 뜻의 낱말은 '재료'입니다. (5) 5단계에서 설명한 뜻의 낱말은 '조롱박'입니다.

13회   57~59쪽

1 ③   **2** (1) ○   **3** ㉬   **4** ④   **5** (1) 3 (2) 2 (3) 1
6 (1) ○

⭐ 어휘력 팡팡   **1** (1) ㉯ (2) ㉬ (3) ㉮

2 빠르다―느리다, 같다―다르다,
쉽다―어렵다, 끝나다―시작하다,
묻다―답하다, 이기다―지다

1 이 글의 '평소에 하던 대로~이기기 때문이에요.'에서 내가 평소에 이단 뛰기를 3개 이상 했다는 사실을 알 수 있습니다.

2 '줄넘기 영웅'이라는 제목에서 줄넘기와 관련된 이야기임을 짐작할 수 있습니다.

3 아이들과 나는 이단 뛰기가 하기 어려운 기술이어서 걱정했습니다.

4 ㉡ 뒷부분의 내용은 ㉡ 앞의 일 때문에 일어난 결과이므로 ㉡에는 '드디어'가 들어가야 합니다.

5 (1) 체육 시간에 2반과 우리 반이 줄넘기 대결을 하기로 했습니다.→(2) 두 반의 줄넘기 대결은 22 대 25로 아주 팽팽했습니다.→(3) '내'가 이단 뛰기를 4개 해서 우리 반이 이겼습니다.

6 ㉢은 우리 반 아이들이 2반과의 줄넘기 대결에서 이겨서 한 말입니다. 따라서 기쁜 표정과 크고 높은 목소리로 실감 나게 읽어야 합니다.

⭐ 어휘력 팡팡

2 어떤 동작을 하는 데 걸리는 시간이 짧다는 뜻의 '빠르다'의 반대말은 '느리다'입니다. 이처럼 낱말 뜻을 생각한 다음 반대되는 뜻의 낱말을 찾아 줄로 묶습니다.

14회   61~63쪽

1 (1) ㉬ (2) ㉮ (3) ㉯   **2** 뉴질랜드에는 '하카'라는 전통 춤이 있어요. **3** (2) ○   **4** (1) ○ (2) ✕
(3) ○   **5** ㉤

⭐ 어휘력 팡팡   **1** (1) 정열적 (2) 전통
2 (1) 귀중한 (2) 형편 (3) 몸짓

1 나라별 전통 춤을 찾아 선으로 잇습니다. 스페인의 전통 춤은 '플라멩코'이고, 뉴질랜드의 전통 춤은 '하카'이며, 미국 하와이의 전통 춤은 '훌라'입니다.

2 주어진 글에서 가장 중요한 내용을 담은 문장은 "뉴질랜드에는 '하카'라는 전통 춤이 있어요."입니다. 나머지 문장들은 이 문장을 설명하는 뒷받침 문장들입니다.

3 ㉠의 앞부분은 ㉠ 뒷부분의 까닭이 됩니다. 따라서 ㉠에는 원인과 결과를 이어 주는 말인 '그래서'가 들어가야 합니다.

4 왜적을 속이려고 강강술래를 추게 한 사람은 세종 대왕이 아닌 이순신 장군입니다. (1), (3)은 이 글의 내용으로 알맞습니다.

5 이 광고에서 가장 중요한 내용을 담은 문장은 강강술래를 다 함께 지켜 나가자는 글쓴이의 생각이 담긴 마지막 문장입니다.

⭐ 어휘력 팡팡

2 (1) 매우 귀중하다라는 뜻의 '소중하다'와 비슷한 뜻의 낱말은 '귀중하다'입니다. (2) 처하여 있는 형편이나 사정을 뜻하는 '처지'와 비슷한 뜻의 낱말은 '형편'입니다. (3) '동작'은 몸이나 손발 등을 움직이는 모양을 뜻하는 말로, 비슷한 뜻의 낱말은 몸을 움직이는 모양을 뜻하는 '몸짓'입니다.

사진 출처
· 9쪽 근정전, 경회루, 광화문(셔터스톡)
· 40쪽 김홍도, 「씨름」(국립 중앙 박물관)
· 40쪽 김홍도, 「서당」(국립 중앙 박물관)
· 41쪽 김홍도, 「씨름」(국립 중앙 박물관)

15회 65~67쪽

1 (1) ○ (2) × (3) ○ **2** ㉯ **3** (1) 3 (2) 2 (3) 1
4 지민 **5** ㉯, ㉰, ㉮ **6** (2) ○

☆ **어휘력 팡팡** **1** (1) 인 (2) 조 (3) 대 (4) 연
(5) 우

---

1 글쓴이는 「빨간 모자」를 동화책으로 읽었지만 뮤지컬은 어떻게 다를지 궁금했다고 했습니다.

2 ㉠은 배우가 주인공 빨간 모자 역할을 책임지고 담당하게 되었다는 뜻이므로, ㉯의 뜻으로 쓰였습니다.

3 이 글에서 글쓴이는 (3) 입구에서 주인공 빨간 모자 역할을 맡은 배우의 사진을 보았습니다. →(2) 오후 5시가 되자 뮤지컬이 시작되어 뮤지컬을 재미있게 보았습니다. →(1) 뮤지컬이 끝난 후에는 배우들과 사진을 찍었습니다.

4 글쓴이는 「빨간 모자」 책보다 뮤지컬이 더 재미있다고 느끼는 경험을 했습니다. 이와 비슷한 경험을 한 친구는 동화책보다 콘서트를 더 재미있게 봤던 지민입니다.

5 글쓴이가 겪은 일의 차례는 ㉯ 서점에서 새로 나온 만화책 포스터를 본 일→㉰ 동생과 함께 그림책 다섯 권을 읽은 일→㉮ 엄마가 만화책을 주문해 주신 일의 순입니다.

6 ㉠의 까닭은 ㉠의 앞부분에 나타나 있습니다. 엄마께서 그림책을 다섯 권 읽으면 만화책을 사 주겠다고 하셨기 때문입니다.

☆ **어휘력 팡팡**

1 그림의 내용과 낱말 뜻을 잘 살펴보고 빈칸에 알맞은 글자를 씁니다.